MACH MIT!

IDEEN ZUR FÖRDERUNG DER KINDLICHEN RESILIENZ

Britta Bartoldus · Ilka Röhling

MACH MIT!

IDEEN ZUR FÖRDERUNG DER KINDLICHEN RESILIENZ

Kaufmann

INHALT

41 SELBSTWIRKSAMKEITSÜBERZEUGUNG

53 SOZIALE KOMPETENZEN

PIEP

ZU DIESEM BUCH

Spiele zur Förderung der Resilienz
Soziale Kompetenz ist erlernbar, und das schon sehr früh. Bereits im 3.–4. Lebensjahr sind Kinder dazu in der Lage, gemeinsam Aufgaben zu lösen. Sie können bereits erfahren, dass Zusammenarbeit und das Erreichen gemeinsamer Ziele sehr befriedigend sein können. Im Folgenden werden kindgerechte Spiele vorgestellt, die die Resilienzfaktoren spielerisch fördern.

Gerade im Spielen und in Bewegung fällt es Kindern leichter, Handlungsplanungen in der Gruppe zu gestalten, Kompromisse einzugehen oder sich in andere hineinzuversetzen. Spielerisch und ganz nebenbei werden Hilfsbereitschaft, Rücksichtnahme und Konfliktfähigkeiten geschult. In diesem Angebot geht es um Spiele ohne Sieger und Verlierer. Jedes Kind kann nach den Angeboten als Gewinner von Resilienzfaktoren in den Gruppenalltag zurückkehren.

Dieses Buch bietet Ihnen praktische Anregungen, mit denen Kinder Erfahrungen zur Resilienz machen können. Die Kinder lernen spielerisch, sich selbst positiv wahrzunehmen, widerstandsfähiger zu werden und die nötigen Werkzeuge zur Verfügung zu haben, um sich Problemen direkt stellen zu können und diese einzeln oder in der Gruppe zu lösen.
Dabei können Sie entscheiden, welche Bausteine für Ihre Kinder gerade passend sind. Sie können diese in einem Resilienzprojekt zusammenstellen oder regelmäßig einzelne Angebote mit den Kindern durchzuführen.

Bei allen Angeboten gilt: Lassen Sie die Kinder so viel wie möglich selbst machen und geben Sie ihnen nur so viel Hilfe, wie nötig ist. Die eigene Erfahrung und das eigene Handeln sind besonders wichtig, da Kinder so am besten lernen. Und ganz wichtig ist natürlich, dass der Spaß für die Kinder im Vordergrund steht!

DIE BEDEUTUNG DER RESILIENZ FÜR DIE KINDLICHE ENTWICKLUNG

EINLEITUNG

Wie wir uns selbst und die Kinder körperlich fit halten können, wissen fast alle. Aber wie sieht es mit der emotional-geistigen Fitness aus? Kinder wachsen vor allem an positiven Erfahrungen und daran, schwierige Aufgaben zu meisten und Probleme zu lösen. Diese Fähigkeit, die sogenannte Resilienz, kann erlernt werden und sollte möglichst früh in der kindlichen Entwicklung ihren Anfang finden.

WAS BEDEUTET RESILIENZ?

Der Begriff „Resilienz" stammt vom lateinischen Wort „resilere" ab, was so viel wie abprallen bedeutet, bzw. vom englischen Wort „resilience", das mit Widerstandsfähigkeit, Spannkraft oder Elastizität übersetzt werden kann. Resilienz beschreibt die Fähigkeit, ungünstige Lebensumstände erfolgreich zu bewältigen, indem auf bestimmte Ressourcen zurückgegriffen werden kann. Diese Ressourcen umfassen u. a. Fähigkeiten, die es den Kindern ermöglichen, Rückschläge hinzunehmen, ohne sich entmutigen zu lassen, für sich selbst einzustehen, mit Stress umzugehen und sich über Herausforderungen hinwegzusetzen.
Aber was macht Kinder resilient bzw. stark? Wieso gelingt es Kindern, trotz Risiken und Bedrohungen ihre Entwicklungsaufgaben erfolgreich zu bewältigen? Die Antwort ist recht einfach: Resiliente Kinder nutzen dabei ihre erworbenen Fähigkeiten und die Hilfe von Personen aus ihrem sozialen Umfeld!

RISIKOFAKTOREN

Kinder wachsen unter sehr unterschiedlichen Bedingungen auf. So stellen dauerhafte Risiken in ihrem sozialen Umfeld wie z. B. Armut, Gewalt, die Erkrankung eines Elternteils oder ein niedriges Bildungsniveau der Eltern eine große Gefahr für die Entwicklung dar.

Plötzlich auftretende Situationen wie z. B. der Tod eines Familienmitglieds, die Scheidung/Trennung der Eltern oder Arbeitslosigkeit eines Elternteils können sich auf die Entwicklung von Kindern auswirken. Ebenso können aber auch kindbezogene Faktoren ein Risiko darstellen: die sogenannten Vulnerabilitätsfaktoren („vulnerabel" = verwundbar, verletzlich). Diese Faktoren werden unterschieden in primäre (angeborene, unveränderbare) und sekundäre (erworbene, veränderbare) Faktoren:

Zu den **primären Faktoren** zählen genetische Aspekte (z. B. eine Chromosomenanomalie), eine Frühgeburt, ein schwieriges Temperament oder eine chronische Erkrankung (z. B. Diabetes).

Zu den **sekundären Faktoren** dagegen zählen z. B. ein unsicheres Bindungsverhalten oder Probleme mit der Selbstregulation zwischen Anspannung und Entspannung.

Die Beeinträchtigung in der Entwicklung bildet sich umso stärker aus, je früher die Kinder durch bestimmte Faktoren belastet werden. Sollte also bereits im jungen Alter ein Risikofaktor vorliegen, ist es nicht ungewöhnlich, dass im Laufe der Entwicklung weitere folgen, die in Verbindung mit den zuerst aufgetretenen stehen.

Lange Zeit standen ausschließlich Risikofaktoren im Zentrum von Forschung und Wissenschaft sowie die Frage, welche Risiken sich auf die kindliche (und menschliche) Entwicklung negativ auswirken.

SCHUTZFAKTOREN

Schutzfaktoren können Risiken abschwächen und entwicklungsfördernd wirken. Sie werden in personale, familiäre und soziale Ressourcen unterschieden.

Personale Ressourcen (kindbezogene Faktoren)

- Kognitive Fähigkeiten
- Erstgeborenes Kind
- Positive Selbstwahrnehmung
- Selbstwirksamkeitserwartungen
- Soziale Kompetenzen
- Aktive Bewältigungsstrategien
- Umgang mit Stress
- Problemlösefähigkeit
- Kreativität
- Fantasie

Familiäre Ressourcen

- Stabile Bindung zu mindestens einer Bezugsperson (bestenfalls einem Elternteil)
- Emotional warmes, aber auch klar strukturiertes Erziehungsverhalten
- Positive Beziehungen zu Geschwistern
- Hohes Bildungsniveau der Eltern
- Hoher sozioökonomischer Status

Soziale Ressourcen

- Soziale Unterstützung durch kompetente und fürsorgliche Erwachsene außerhalb der Familie
- Positive Freundschaftsbeziehungen
- Qualität der Bildungsinstitution mit transparenten Regeln und Strukturen, wertschätzendem Klima und hohen, angemessenen Leistungsstandards

Schutzfaktoren können unter verschiedenen Aspekten betrachtet werden. Schutzfaktoren und Risikofaktoren stehen in Wechselwirkung miteinander und beeinflussen die Entwicklung eines Kindes. So können sie aber nicht gegenseitig aufgewogen werden. Sowohl bei den Risiko- als auch bei den Schutzfaktoren gibt es solche, die mehr oder weniger Einfluss auf die Entwicklung nehmen.

RESILIENZ IN DER KITA FÖRDERN

RESILIENZFÖRDERUNG IN DER KITA

Kitas bieten das Schlüsselsetting zur Förderung der Resilienz und Ihnen als pädagogischer Fachkraft ist somit das Steuer in die Hand gegeben. Chancengleichheit für alle Kinder und eine frühe Kompensation von Sozialisationsdefiziten sollten dabei im Vordergrund stehen. Besonderer Wert wird dabei auf die Stärkung individueller Ressourcen zur Lebensbewältigung und den Abbau von Defiziten gelegt. Verhaltensänderungen werden mithilfe von Reflexions- und Lernprozessen erworben.
Zentrale Themen sind in diesem Zusammenhang: motorische, sensorische und sprachliche Defizite abzubauen, das Bindungs-, Explorations- und Sozialverhalten zu fördern und das Unfall- und Verletzungsrisiko (körperlich, geistig, seelisch) zu minimieren.

RESILIENZFAKTOREN

Resilienzfaktoren sind Kräfte, die die Kinder gegenüber Belastungen und Stressbedingungen widerstandsfähiger machen. Sie können auch als das Immunsystem unserer Seele bezeichnet werden. Unterteilt werden diese Resilienzfaktoren in sechs Bereiche. Diese erwirbt das Kind durch die erfolgreiche Bewältigung altersspezifischer Entwicklungsaufgaben.

1. Selbstwahrnehmung
Unter Selbstwahrnehmung versteht man eine ganzheitliche und altersentsprechende Wahrnehmung der eigenen Person. Dabei steht im Fokus die Wahrnehmung der eigenen Gefühle, Emotionen und Gedanken, aber auch von Eigenschaften oder Talenten. Wichtig ist neben dieser Fähigkeit auch die Selbstreflexion, also seine eigenen Emotionen und Gedanken wahrzunehmen und zugleich die Eigenwahrnehmung in Relation zur Fremdwahrnehmung zu setzen, also der Wahrnehmung durch andere Menschen.

2. Selbststeuerungsfähigkeit
Unter Selbststeuerungsfähigkeit versteht man die Kompetenz, sich und die eigenen Gefühlszustände wahrnehmen und entsprechend regulieren und kontrollieren zu können. Darunter

fällt z. B.: Was hilft mir, um mich selbst zu beruhigen, und wo kann ich mir ggf. Hilfe holen? Die resilienten Kinder haben Handlungsalternativen und Strategien zur Selbstberuhigung zur Hand, um innere Anforderungen bewältigen und sich gestellten Aufgaben widmen zu können.

3. Selbstwirksamkeitsüberzeugung
Die Selbstwirksamkeitsüberzeugung ist die Kompetenz, die Kinder benötigen, um sinnvoll handeln zu können. Kinder mit dieser Kompetenz gehen zudem vom positiven Ausgang einer Aufgabe aus („Das werde ich schon schaffen"). Sie wissen um ihre eigenen Stärken und Fähigkeiten und was sie leisten können. Dabei können resiliente Kinder das Gelingen der Aufgaben auf sich selbst zurückführen und stolz auf ihren Anteil sein. Die Kinder kennen verschiedene Strategien und Wege, um ihr Ziel zu erreichen, und können diese auch auf andere Situationen und Aufgaben übertragen.

4. Soziale Kompetenzen
Soziale Kompetenzen werden in sämtlichen Situationen des Lebens benötigt. Resiliente Kinder können Kontakt zu anderen Menschen aufnehmen und mit ihnen altersentsprechend kommunizieren. Dabei können die Kinder sich in andere Kinder, aber auch Erwachsene hineinfühlen und Situationen einschätzen, was wichtig ist, um Konflikte ggf. selbst lösen zu können oder sich Fragen zu beantworten wie: Nehme ich mich an dieser Stelle zurück oder behaupte ich mich gegen andere?

5. Angemessener Umgang mit Stress
Der angemessene Umgang mit Stress befähigt Kinder dazu, ihre eigenen Grenzen einzuschätzen. So wissen resiliente Kinder, wie sie unterschiedliche Stresssituationen bewältigen können. Dabei sollen sie aber nicht gänzlich alleingelassen werden, sondern wissen um die Möglichkeit, sich Hilfe zu holen, wenn dies notwendig ist.

6. Problemlösekompetenz
Unter Problemlösekompetenz versteht man die Fähigkeit, sich selbst realistische Ziele zu setzen. Die Kinder haben das nötige Selbstvertrauen, um Probleme selbst anzugehen, und kennen unterschiedliche Strategien für den Umgang mit diesen. So können sie sowohl alleine, aber auch in der Gruppe verschiedene Lösungsmöglichkeiten entwickeln und anwenden.

SELBSTWAHRNEHMUNG

Wer bin ich? Was fühle ich? Wie nehme ich mich selbst wahr? – Unsere Gefühle und Gedanken sind ein wertvolles Werkzeug für die Selbstreflexion. Auf spielerische Art und Weise sollen in diesem Kapitel die eigenen Emotionen und Gefühle entdeckt und beobachtet und somit die Selbstwahrnehmung gefördert werden.

Kinder, die sich selbst, ihre Gefühle und auch ihren Körper gut und vor allem positiv erleben, können auch Eigenschaften von Kindern in ihrem Umfeld besser erfassen. Die folgenden Spiele bieten den Kindern daher die Möglichkeit, sich selbst, aber auch die anderen Kinder in der Gruppe gezielter wahrzunehmen.

ICH SEHE WEN, DEN DU AUCH SIEHST

Alter ab 3 Jahren

Anzahl der Kinder 5–20 Kinder

Das lernen die Kinder Sie nehmen sich und die anderen Kinder der Gruppe bewusster wahr. Der Gruppenzusammenhalt wird dadurch gestärkt.

Das brauchen Sie

- **1 Stuhl pro Kind**

VORBEREITUNG

Finden Sie sich mit den Kindern in einem Sitzkreis zusammen.

DURCHFÜHRUNG

Die Kinder setzen sich gemeinsam in den Stuhlkreis. Sie wählen ein Kind aus. Dieses Kind darf beginnen. Es fängt den Spruch an mit: „Ich sehe wen, den du auch siehst, und der hat …“ Das Kind überlegt sich ein Merkmal, das nur auf ein Kind zutrifft. Derjenige aus der Gruppe, der das gesuchte Kind richtig errät, ist als Nächstes an der Reihe.

OCHS AM BERGE – 1, 2, 3

Alter ab 3 Jahren

Anzahl der Kinder 4–12 Kinder

Das lernen die Kinder Die Kinder achten gezielt auf ihre eigene Körperhaltung und nehmen dadurch auch den Körper der anderen Kinder bewusst wahr.

Das brauchen Sie

- **Klebeband**

VORBEREITUNG

Markieren Sie mit dem Klebeband eine Start- und eine Ziellinie in einem Abstand von circa 10–15 Metern.

DURCHFÜHRUNG

Ein Kind aus der Gruppe stellt sich auf die Ziellinie. Dieses Kind ist der Ochse. Die anderen Kinder versammeln sich auf der Startlinie.
Das Kind, das den Ochsen spielt, dreht den anderen Kindern den Rücken zu. Dann ruft es „Ochs am Berge – 1, 2, 3!“. Währenddessen dürfen alle Kinder so schnell wie möglich in Richtung des Kindes auf der Ziellinie laufen. Wenn das rufende Kind „3“ gesagt hat, dreht es sich schnell um. Alle Kinder müssen sofort stehen bleiben. Sieht der Ochs jetzt Kinder, die sich noch bewegen, müssen diese zurück zur Startlinie gehen. Anschließend dreht sich der Ochs wieder um und eine neue Runde beginnt.
Das Kind, das als erstes die Ziellinie erreicht hat, ohne vom Ochsen bei einer Bewegung erwischt worden zu sein, ist in der nächsten Spielrunde der neue Ochse.

SPIEGELBILD

Alter ab 3 Jahren

Anzahl der Kinder 2–12 Kinder

Das lernen die Kinder Die Kinder beobachten bei diesem Spiel sich und den Partner ganz genau und nehmen ihn wahr. Damit das Spiel funktioniert, müssen die Kinder aufeinander Rücksicht nehmen.

VORBEREITUNG

Die Kinder finden sich jeweils zu zweit zusammen.

DURCHFÜHRUNG

Jeweils zwei Kinder stellen sich einander gegenüber auf. Eines der beiden Kinder mimt nun den Spiegel. Dieses Kind macht alle Bewegungen seines Gegenübers wie in einem Spiegel nach. Das Partnerkind denkt sich unterschiedliche Bewegungen aus und macht diese vor. Diese Bewegungen können aus dem Alltag der Kinder stammen (z. B. was die Kinder morgens vor dem Kindergarten gemacht haben, wie Zähne putzen, frühstücken etc.) oder zu einem bestimmten Thema passen (wie z. B. Sport: einen Ball werfen, einen Fußball kicken, Seil springen). Während des Spiels sollte nicht gesprochen werden. Nach ein paar Minuten werden die Rollen getauscht.
Als Abschluss können Sie mit den Kindern gemeinsam reflektieren, wie das Spiel funktioniert hat und wie die Kinder sich bei der Ausführung gefühlt haben.

MÄUSCHEN, PIEP EINMAL

Alter ab 2 Jahren

Anzahl der Kinder 4–20 Kinder

Das lernen die Kinder Sie nehmen die Stimmen der anderen Kinder und dadurch auch die eigene Stimme ganz bewusst wahr und müssen genau hinhören, um sie wiederzuerkennen.

Das brauchen Sie

- **1 Stuhl pro Kind**
- **1 Augenbinde**

VORBEREITUNG

Finden Sie sich mit den Kindern in einem Sitzkreis zusammen.

DURCHFÜHRUNG

Setzen Sie sich mit allen Kindern in den Stuhlkreis. Wählen Sie ein Kind aus, das sich in die Mitte des Kreises setzt. Diesem Kind werden nun mit der Augenbinde die Augen verbunden. Wählen Sie ein Kind aus, das noch auf einem Stuhl sitzt. Das Kind in der Mitte sagt nun „Mäuschen, piep einmal". Das von Ihnen ausgewählte Kind antwortet daraufhin mit zwei oder dreimal „piep, piep, piep!". Das Kind mit den verbundenen Augen in der Mitte des Kreises soll nun den Namen des Kindes erraten, das gerade „piep, piep, piep" gemacht hat. Wird das richtige Kind erraten, tauscht es die Position mit dem Kind in der Mitte. Wenn das Kind die Stimme nicht erkannt hat, darf es beim nächsten Mäuschen erneut versuchen, diese zu erraten.

SICH SELBST MALEN

Alter ab 4 Jahren

Anzahl der Kinder 2–6 Kinder

Das lernen die Kinder Die Kinder nehmen sich und insbesondere ihr Gesicht bewusst wahr. Dabei achten die Kinder auch auf klein(st)e Details.

Das brauchen Sie

- **1 Spiegel pro Kind**
- **1 DIN-A3-Blatt pro Kind**
- **Bleistifte**
- **Buntstifte**
- **Anspitzer**

VORBEREITUNG

Stellen Sie die benötigten Materialien bereit.

DURCHFÜHRUNG

Die Kinder setzen sich auf ihre Plätze, an denen die bereitgestellten Materialien stehen. Erzählen Sie ihnen, dass sich heute alle selbst malen. Dafür steht den Kindern jeweils ein Spiegel zur Verfügung, den sie zu Hilfe nehmen können.
Anschließend werden die gemalten Bilder der gesamten Gruppe vorgestellt. Wer hat welches Bild gemalt? Die Gruppe hat nun die Aufgabe, die Kinder anhand der Bilder wiederzuerkennen.

ANGSTHASE UND MUTIGER TIGER

Alter ab 3 Jahren

Anzahl der Kinder 2–12 Kinder

Das lernen die Kinder Vielen Kindern gelingt es deutlich besser, Gefühle in Tierrollen zu artikulieren. Über die Darstellung der unterschiedlichen Tiere lernen die Kinder, ihre Gefühle selbst besser zu verstehen und umzusetzen.

Das brauchen Sie

- **Turnraum oder freie Fläche**

VORBEREITUNG

Finden Sie sich mit den Kindern in einem Kreis zusammen.

DURCHFÜHRUNG

Erklären Sie den Kindern, dass sie gleich in die Rolle von unterschiedlichen Tieren schlüpfen und diese darstellen werden. Dazu können sie sich frei im Raum bewegen. Bitten Sie die Kinder, ihre Bewegung auch gleichzeitig mit Tiergeräuschen zu untermalen. Das macht nicht nur doppelt Spaß, sondern lässt die Kinder auch freier auftreten.
Die Kinder können beispielsweise folgende Tiere darstellen:

- Stampfe durch den Raum wie ein wütender Elefant.
- Hüpfe durch den Raum wie ein gut gelauntes Känguru.
- Flattere durch den Raum wie ein ängstlicher Vogel.
- Gehe durch den Raum wie ein mutiger Gorilla.
- Laufe durch den Raum wie ein ärgerlicher Hund.
- Hopple durch den Raum wie ein ängstlicher Hase.

Anschließend überlegen Sie gemeinsam mit den Kindern weitere Tierrollen, die dann gemeinsam mit allen ausprobiert werden können.

GEFÜHLSPANTOMIME

Alter ab 4 Jahren

Anzahl der Kinder 2–8 Kinder

Das lernen die Kinder Die Kinder stellen ihre Gefühle pantomimisch dar und lernen so, auch die Gefühle anderer zu erkennen.

Das brauchen Sie

- **Kopiervorlage „Bildkarten Gefühle" (siehe Anhang)**

VORBEREITUNG

Kopieren Sie die Vorlage „Bildkarten Gefühle" aus dem Anhang. Um die Karten länger haltbar zu machen, können diese laminiert werden. Finden Sie sich mit den Kindern in einem Kreis zusammen.

DURCHFÜHRUNG

Zeigen Sie den Kindern die Bildkarten und sprechen mit ihnen über die dort abgebildeten Gefühle. Fragen Sie die Kinder, ob sie diese Gefühle schon kennen. Haben sie sie vielleicht auch schon einmal selbst erlebt? Und in welchem Zusammenhang?
Wählen Sie ein Kind aus, das ein Gefühl pantomimisch darstellen soll. Zeigen Sie dem Kind eine der Bildkarten so, dass die anderen Kinder diese nicht sehen können. Das Kind versucht anschließend, das Gefühl pantomimisch darzustellen. Die anderen Kinder raten, welches Gefühl gerade gezeigt wurde. Das Kind, das als erstes das gesuchte Gefühl benennt, ist nun an der Reihe und darf die nächste Emotion präsentieren.

ALTERNATIVE

Fällt es den Kindern noch schwer, ein Gefühl allein vor der Gruppe vorzumachen, können Sie auch gemeinsam mit den Kindern die jeweilige Bildkarte pantomimisch darstellen.

STARK WIE EIN BÄR

Alter ab 4 Jahren

Anzahl der Kinder 2–10 Kinder

Das lernen die Kinder Sie lernen ihre eigenen Stärken kennen und nehmen sich dadurch selbst positiv wahr.

Das brauchen Sie

- **Bildkarten mit verschiedenen Tieren**

VORBEREITUNG

Suchen Sie sich im Internet verschiedene Tierbilder mit Tieren, denen man eine Eigenschaft zuordnet. Stellen Sie die benötigten Materialien bereit und finden Sie sich mit den Kindern in einem Kreis zusammen.

DURCHFÜHRUNG

Erzählen Sie den Kindern, dass Bären starke Tiere sind, und zeigen Sie ihnen einige Bildkarten mit einem Bären, z. B. einen Bären beim Fischen oder beim Honigsammeln. Fragen Sie die Kinder, was sie auf den Bildern sehen und was die Bären auf den Bildern machen. Nehmen Sie das nächste Tier, z. B. einen Löwen, einen Fuchs oder einen Geparden. Überlegen Sie gemeinsam mit den Kindern, was die verschiedenen Tiere jeweils auszeichnet. Haben die Kinder ebenfalls Eigenschaften, die sie auszeichnen? Worin sind sie stark?

ICH REISE IN MEINEM KÖRPER

Alter ab 4 Jahren

Anzahl der Kinder 2–8 Kinder

Das lernen die Kinder Sie entwickeln Körperbewusstsein und nehmen ihren Körper positiv wahr.

Das brauchen Sie

- **1 Turnmatte oder Yogamatte pro Kind**

VORBEREITUNG

Legen Sie gemeinsam mit den Kindern die Turnmatten oder Yogamatten sternförmig aus. Achten Sie auf ausreichend Platz zwischen den Matten. Stellen Sie gegebenenfalls noch ein paar Decken oder Kissen bereit, damit Kinder, denen schnell kalt wird, diese nutzen können. Je nach Wetter bietet es sich an, für ein wenig Verdunkelung zu sorgen.

DURCHFÜHRUNG

Die Kinder ziehen ihre Schuhe aus. Jedes Kind sucht sich eine Matte und macht es sich darauf bequem. Wenn die Kinder eine Position ausgewählt haben, die für sie angenehm ist, können Sie starten. Erzählen Sie den Kindern, dass sie jetzt eine Reise in den eigenen Körper unternehmen. Damit das klappen kann, ist es wichtig, andere Kinder nicht zu stören. Alle müssen also ganz leise sein.
Sobald es sich die Kinder bequem gemacht haben, lesen Sie die Geschichte „Ich reise in meinem Körper" langsam vor. Machen Sie zwischen den einzelnen Zeilen kurze Lesepausen.

„Ich reise in meinem Körper" – Eine Entspannungsgeschichte

Lege dich entspannt auf deine Matte. Lege deine Arme locker neben dich.
Schließe die Augen.
Die Füße kippen ganz bequem nach außen.
Du atmest tief ein und aus.
Schlechte Gedanken und Gefühle atmest du mit jedem Atemzug weg.
Gute Gedanken und schöne Gefühle atmest du mit jedem Atemzug ein.
Genieße es, einfach nur dazuliegen und nichts anders tun zu müssen.
Nun bist du bereit für eine Reise durch deinen Körper:

Wir beginnen mit dem Kopf.
Fühle deinen Kopf.
Fühle die Stelle zwischen deinen Augenbrauen.

Deine Zunge liegt ganz locker im Mund.
Deine Lippen sind weich.
Atme tief ein und aus.

Wir reisen weiter zu deinem Nacken und zu deinen Schultern.
Spüre, wie sich deine Schultern anfühlen.

Wir wandern weiter zu deinem rechten Arm.
Lass ihn einfach so liegen, wie er jetzt liegt.

Wir reisen zu deinem linken Arm.
Auch der linke Arm bleibt einfach so liegen, wie er gerade liegt.

Fühle, wie sich dein Bauch langsam wölbt und wieder einzieht.
Bei jedem Einatmen wölbt sich der Bauch nach oben.
Bei jedem Ausatmen zieht er sich wieder ein.

Spüre deinen Rücken.
Versuche zu fühlen, wie dein Rücken auf der Matte aufliegt.

Wir reisen weiter zu deinem Po.
Spüre, wie dein Po den Boden berührt.

Wir reisen in deine Beine.
Spüre dein linkes Bein und auch dein rechtes Bein.

Du atmest noch einmal tief ein und aus.
Du kommst wieder zurück hier in den Raum.

Öffne deine Augen und richte dich auf.
Dann streckst und dehnst du dich.

Am Ende der Geschichte fragen Sie die Kinder, ob sie auf der Reise Bilder gesehen haben.
Fragen Sie die Kinder, ob die Geschichte angenehm für sie war.

WER HAT MICH GESTREICHELT?

Alter ab 3 Jahren

Anzahl der Kinder 3–6 Kinder

Das lernen die Kinder Das Kind lernt, gezielt auf die taktile Wahrnehmung zu achten und achtsam mit sich und den anderen Kindern umzugehen. Dadurch erfährt es mehr über seine eigenen Bedürfnisse.

Das brauchen Sie

- **1 Augenbinde**

VORBEREITUNG

Finden Sie sich mit den Kindern in einem Kreis zusammen.

DURCHFÜHRUNG

Erklären Sie den Kindern, dass gleich ein Kind die Augenbinde tragen und von einem anderen Kind gestreichelt werden wird. Das Kind soll dann versuchen zu fühlen, von wem es gestreichelt wird. – Natürlich muss niemand mitmachen. Nur wenn die Kinder sich wohl dabei fühlen, dass jemand sie streichelt, sollten sie ausgewählt werden.
Geben Sie nun einem Kind die Augenbinde. Das Kind setzt die Augenbinde auf und Sie wählen aus der Gruppe ein weiteres Kind aus, das das Kind mit den verbundenen Augen am Handrücken streichelt. Anschließend nimmt das Kind die Augenbinde wieder ab und rät, von wem es gestreichelt wurde. Fragen Sie anschließend nach, woran das Kind erkennen konnte, wer es gestreichelt hat.
War es für das Kind angenehm? Oder war es dem Kind unangenehm?

TIPP Fällt es den Kindern schwer, in einer größeren Gruppe zu erraten, wer gestreichelt hat, dann bilden Sie kleinere Gruppen von 3–4 Kindern.

GEFÜHLE-UHR BASTELN

Alter ab 4 Jahren

Anzahl der Kinder 2–6 Kinder

Das lernen die Kinder Kinder sind sich häufig ihrer eigenen Gefühlslage gar nicht klar. Hier werden sie sich ihrer eigenen Gefühle bewusst und lernen, diese zum Ausdruck bringen.

Das brauchen Sie

- **Kopiervorlage „Gefühle-Uhr" (siehe Anhang)**
- **Fotokarton**
- **1 Musterbeutelklammer pro Kind**
- **1 Schere pro Kind**
- **Klebestift**

VORBEREITUNG

Kopieren Sie für jedes Kind die Vorlage „Gefühle-Uhr" auf Fotokarton und legen Sie die benötigten Materialien bereit. Finden Sie sich mit den Kindern am Basteltisch zusammen.

DURCHFÜHRUNG

Geben Sie jedem Kind die „Gefühle-Uhr". Die Kinder schneiden nun die Vorlagen, also Uhr und Zeiger, aus. Falls nötig, helfen Sie den Kindern dabei. Anschließend stechen Sie mit einer spitzen Schere vorsichtig ein Loch in die angezeichneten Stellen und befestigen gemeinsam mit dem Kind mithilfe einer Musterbeutelklammer den Zeiger auf der Uhr.

Bitten Sie die Kinder anschließend, ihr aktuelles Gefühl auf der Uhr einzustellen. Gehen Sie mit den Kindern gedanklich unterschiedliche Situationen durch und die Gefühle in den jeweiligen Situationen. Nun können die Kinder die passenden Gefühle auf ihrer eigenen Gefühle-Uhr einstellen.

Überlegen Sie anschließend mit den Kindern, wann man die Uhr gut einsetzen kann. Auf die Rückseite der Scheibe können Sie gemeinsam mit den Kindern deren Namen notieren. Hat das Kind einmal Schwierigkeiten, seine Gefühle auszudrücken, kann es zukünftig die Gefühle-Uhr zur Unterstützung nehmen.

DU BIST EINMALIG

Alter ab 4 Jahren

Anzahl der Kinder 2–8 Kinder

Das lernen die Kinder Durch Achtsamkeit und die Wertschätzung der eigenen Person erleben sich die Kinder als Individuen.

Das brauchen Sie

- **stabile Kiste mit Deckel**
- **Spiegelfolie**
- **Kleber**
- **1 Sitzkissen pro Kind**

VORBEREITUNG

Gestalten Sie zuerst die Zauberkiste möglichst schön. Kleben Sie anschließend auf den Boden der Kiste die Spiegelfolie.
Legen Sie die Sitzkissen in einem Kreis auf dem Boden aus und finden Sie sich mit den Kindern dort zusammen.

DURCHFÜHRUNG

Halten Sie die geschlossene Kiste in Ihren Händen. Erzählen Sie den Kindern, dass sich in der Kiste etwas ganz Besonderes befindet – sogar etwas Einmaliges, das es wirklich nur einmal auf der ganzen Welt gibt.
Bieten Sie den Kindern an, dass jeder ganz vorsichtig und nacheinander in die Kiste schauen kann. Dabei sollen die Kinder nicht sprechen und den anderen nicht verraten, was sie in der Kiste sehen können, damit jeder die Erfahrung für sich selbst machen kann.
Wenn alle, die möchten, hineingesehen haben, fragen Sie die Kinder, was sie in der Kiste entdeckt haben und warum es einmalig ist.

EINMALIGE SCHATZKISTE BASTELN

Alter ab 4 Jahren

Anzahl der Kinder 2–6 Kinder

Das lernen die Kinder Die Kinder basteln eine eigene Schatzkiste mit Spiegelfolie. So können sie bei Bedarf zu Hause in ihre Schatzkiste schauen und sich daran erinnern, dass sie einmalig sind.

Das brauchen Sie

- **Kopiervorlage „Schatzkiste" (siehe Anhang)**
- **1 Schere pro Kind**
- **Spiegelfolie**
- **Klebestifte in ausreichender Anzahl**
- **Buntstifte**
- **ggf. Wachstischdecke oder alte Zeitungen**

VORBEREITUNG

Kopieren Sie für jedes Kind die Vorlage „Schatzkiste" aus dem Anhang auf dickeres Papier (mind. 160 g/m2) und stellen Sie die benötigten Materialien bereit. Um den Tisch zu schützen, bietet es sich an, ihn mit einer Wachstuchdecke oder alten Zeitungen abzudecken. Finden Sie sich mit den Kindern am vorbereiteten Basteltisch zusammen.

DURCHFÜHRUNG

Fragen Sie die Kinder, wie es ihnen heute geht und ob es ihnen immer so geht. Sind sie vielleicht manchmal auch traurig? Was kann man machen, wenn man traurig ist, um sich wieder besser zu fühlen? Sammeln Sie gemeinsam mit den Kindern Ideen dazu.
Erzählen Sie den Kindern, dass heute jeder eine Schatzkiste bastelt, die uns daran erinnert, dass wir einmalig sind.

Geben Sie jedem Kind die kopierte Vorlage der Schatzkiste und bitten Sie die Kinder, diese an den vorgegebenen Linien auszuschneiden. Anschließend können die Kinder ihre Schatzkiste frei gestalten und mit Buntstiften bemalen.
Wenn die Schatzkisten fertig gestaltet sind, wird die Schatzkiste an den markierten Stellen zusammenklebt. Zum Schluss wird ein passendes Stück Spiegelfolie auf den Boden der Schatzkiste geklebt.
Die Kinder dürfen die Schatzkiste mit nach Hause nehmen und ihren Eltern zeigen.

DEIN FINGERABDRUCK IST EINMALIG

Alter ab 3 Jahren

Anzahl der Kinder 2–8 Kinder

Das lernen die Kinder Der Fingerabdruck jedes Menschen ist einmalig. Und so wie der Fingerabdruck ist auch jeder Mensch einmalig

Das brauchen Sie

- **Papier**
- **Stempelkissen Fingerfarbe**
- **feuchte Waschlappen**

VORBEREITUNG

Stellen Sie die benötigten Materialien bereit.

DURCHFÜHRUNG

Erzählen Sie den Kindern, dass jeder Fingerabdruck einmalig ist und kein anderer Mensch auf der Erde den gleichen Fingerabdruck hat. So kann man niemanden verwechseln.
Gemeinsam mit den Kindern werden eigene Fingerabdrücke gemacht. Dazu werden die Finger einzeln mit Stempelfarbe gefärbt und anschließend auf das Blatt Papier gedrückt.
Mit dem feuchten Waschlappen können die Finger nachfolgend gereinigt werden.
Wenn die Fingerabdrücke getrocknet sind, können die Kinder diese vergleichen. Welche gemeinsamen Merkmale lassen sich erkennen und wie unterscheiden sie sich voneinander?

SELBSTSTEUERUNGS-FÄHIGKEIT

Wie kann ich mich selbst beruhigen? Was brauche ich gerade? – Die folgenden Spiele sollen Kinder dabei unterstützen, sich selbst und ihre Gefühlszustände besser zu verstehen und sich selbstständig zu regulieren. Achtsamer Umgang mit sich und den anderen wird dabei ebenfalls in den Mittelpunkt gestellt. Die Kinder lernen in diesem Kapitel Handlungsalternativen und Strategien zur Selbstberuhigung in unterschiedlichen Situationen kennen. Dabei sollten die Übungen mit den Kindern reflektiert werden, um herauszufinden, welche Strategien die erfolgreichsten waren. So probieren die Kinder unterschiedliche Lösungswege aus und lernen, bei Misserfolgen bzw. bei Bedarf um Hilfe zu bitten.

MEIN RECHTER, RECHTER PLATZ IST FREI

Alter ab 4 Jahren

Anzahl der Kinder 5–15 Kinder

Das lernen die Kinder Sie benennen unterschiedliche Gefühle und können diese spielerisch umsetzen. Dadurch gelingt es ihnen, achtsamer mit den eigenen Gefühlen und den Gefühlen der anderen Kinder umzugehen.

Das brauchen Sie

- **1 Stuhl pro Kind + ein zusätzlicher Stuhl**

VORBEREITUNG

Stellen Sie gemeinsam mit den Kindern einen Stuhlkreis mit einem Stuhl mehr, als mitspielende Kinder anwesend sind.

DURCHFÜHRUNG

Die Kinder setzen sich jeder auf einen Stuhl. Das Kind, das den Stuhl hat, dessen rechter Platz frei ist, beginnt: Es nennt den Namen eines weiteren mitspielenden Kindes und wünscht sich

das Kind herbei mit den Worten „Mein rechter, rechter Platz ist frei, ich wünsche mir die fröhliche Johanna herbei." Johanna macht sich dann auf den Weg zum freien Platz und stellt dabei das gewünschte Gefühl dar.
Als Nächstes ist das Kind an der Reihe, das jetzt den freien Platz auf der rechten Seite hat, und wünscht sich ebenfalls ein Kind mit einem bestimmten Gefühl herbei. Dabei kann das Kind unterschiedliche Gefühle benennen, z. B. wütend, traurig, glücklich, genervt etc.

TIPP Besprechen Sie im Vorfeld gegebenenfalls noch einmal unterschiedliche Gefühle, damit die Kinder ein Repertoire zur Verfügung haben.

WUTKISSEN

Alter ab 3 Jahren

Anzahl der Kinder 2–8 Kinder

Das lernen die Kinder Die Kinder dürfen einmal ohne Konsequenzen ihre negativen Gefühle ausleben.

Das brauchen Sie

- **1 Kissen pro Kind**

VORBEREITUNG

Stellen Sie das benötigte Material bereit und finden Sie sich mit den Kindern in einem Kreis zusammen.

DURCHFÜHRUNG

Überlegen Sie gemeinsam mit den Kindern, in welcher Situation sie sich richtig wütend fühlen. Bitten Sie die Kinder, die Augen zu schließen und sich diese Situation gut vorzustellen. Fragen Sie die Kinder, wo sie die Wut am stärksten fühlen. Sicherlich werden viele Kinder ihren Bauch nennen.
Anschließend darf sich jedes Kind ein Kissen aus der Mitte nehmen und mit der Wut im Bauch feste das eigene Kissen boxen. Fordern Sie die Kinder auf, die Wut in dem Kissen richtig rauszulassen.

GEFÜHLSGESICHTER MALEN

Alter ab 3 Jahren

Anzahl der Kinder 2–8 Kinder

Das lernen die Kinder Die Kinder können unterschiedliche Gefühle benennen und malen diese in Form eines Smileys.

Das brauchen Sie

- **1 Blatt Papier pro Kind**
- **Buntstifte**

VORBEREITUNG

Stellen Sie die benötigten Materialien bereit und finden Sie sich mit den Kindern in einem Kreis zusammen.

DURCHFÜHRUNG

Besprechen Sie gemeinsam mit den Kindern, welche Gefühle sie bereits kennen und wie diese Gefühle mimisch aussehen könnten. Lassen Sie die Kinder diese Gefühle mit ihrem Gesicht ausprobieren. Fragen Sie die Kinder, ob sie schon Smileys kennen, und bitten Sie sie anschließend, dass jeder einen Smiley mit einem Gefühl malt. Welches Gefühl gemalt wird, können sich die Kinder frei aussuchen.

Anschließend treffen Sie sich mit den Kindern wieder im Kreis und die Kinder stellen ihre Smileys vor. Die anderen Kinder sollen nun erraten, welches Gefühl auf dem Bild jeweils dargestellt wird.

HÄSCHEN IN DER GRUBE

Alter ab 3 Jahren

Anzahl der Kinder 4–12 Kinder

Das lernen die Kinder Die Kinder finden Möglichkeiten, ein trauriges Kind zu trösten.

Das brauchen Sie

- **1 Stuhl pro Kind**

VORBEREITUNG

Finden Sie sich mit den Kindern in einem Stuhlkreis zusammen.

DURCHFÜHRUNG

Wählen Sie ein Kind aus, das sich als Häschen in die Mitte des Kreises setzt. Um das Kind herum singen alle den ersten Teil des Liedes „Häschen in der Grube". Sie suchen nun mit einem Handzeichen ein Kind aus und fordern es auf, zum Häschen zu gehen und es zu trösten, z .B. indem es das Häschen am Arm streichelt. Im zweiten Teil des Liedes geht das tröstende Kind wieder zurück zu seinem Platz. Anschließend beginnt das Häschen lustig im Kreis zu hüpfen. Es kehrt zu seinem Stuhl zurück und das nächste Kind wird als Häschen in der Grube ausgewählt.

Text Häschen in der Grube (mündlich überliefert)

Häschen in der Grube
saß und schlief, saß und schlief.
Armes Häschen bist du krank,
dass du nicht mehr hüpfen kannst?

Häschen hüpf, Häschen hüpf, Häschen hüpf!

TROSTKISTE

Alter ab 3 Jahren

Anzahl der Kinder 2–20 Kinder

Das lernen die Kinder Die Kinder erfahren, mit Traurigkeit umzugehen, und können Anteilnahme erleben.

Das brauchen Sie

- **1 schöne Kiste mit Deckel**
- **1 Kuscheltier**
- **Papiertaschentücher**
- **Pflaster**
- **Trostgeschichte**
- **ein paar spannende Gegenstände zum Ablenken, etwa ein Handschmeichler, ein schönes Schneckenhaus, eine kleine Spieluhr etc.**

VORBEREITUNG

Gestalten Sie die Kummerkiste ggf. mit ein paar Kindern und legen Sie alle Materialien in die Kiste.

DURCHFÜHRUNG

Führen Sie die Trostkiste in einem Gesprächskreis ein. Erklären Sie den Kindern, dass die Kiste an einem festen Platz im Raum zugänglich zu finden ist. Die Kiste soll den Kindern helfen, wenn sie traurig sind, und als eine Ablenkung dienen. Zeigen Sie den Kindern den Inhalt und fragen Sie sie, warum bestimmte Gegenstände in der Kiste sein könnten. Fällt den Kindern vielleicht noch etwas ein, das ergänzt werden sollte?

MUTSTEINE BEMALEN

Alter ab 4 Jahren

Anzahl der Kinder 2–6 Kinder

Das lernen die Kinder Die Kinder gestalten eigene Mutsteine, die ihnen anschließend ein Begleiter sein können und als Kraftquelle bei negativen Gefühlen genutzt werden.

Das brauchen Sie

- **glatte Steine**
- **Acrylstifte**
- **Zeitung oder Malunterlage**
- **Malkittel**

VORBEREITUNG

Stellen Sie die benötigten Materialien bereit. Sammeln Sie ggf. mit den Kindern vorher Steine zum Bemalen. Reinigen sie diese gemeinsam und trocknen Sie die Steine vor dem Bemalen. Bereiten Sie den Maltisch vor, damit die Acrylfarbe nicht auf dem Tisch landet, und finden Sie sich mit den Kindern an den Tischen zusammen.

DURCHFÜHRUNG

Fragen Sie die Kinder, was ihnen Mut macht. Bitten Sie die Kinder, dieses Symbol, Gesicht, Person oder Ding auf einen Stein zu malen. Die Kinder malen vorsichtig mit den Acrylstiften ihren Mutstein oder ihre Mutsteine an.
Nach dem Trocknen darf jedes Kind seinen Mutstein der Gruppe zeigen und mit nach Hause nehmen. Den Mutstein dürfen die Kinder in Situationen, in denen sie Mut brauchen, in ihre Hosentasche stecken oder in die Hand nehmen, wenn sie Unterstützung benötigen.

DAS GEFÜHLSMONSTER

Alter ab 3 Jahren

Anzahl der Kinder 4–14 Kinder

Das lernen die Kinder Die Kinder stärken ihre emotionalen Kompetenzen in Bezug auf die Gestik und Mimik von Gefühlen. Sie erfahren, dass man auch negative Gefühle zum Ausdruck bringen kann, ohne jemanden zu verletzen.

Das brauchen Sie

- **Turnraum oder freie Fläche**

VORBEREITUNG

Finden Sie sich mit den Kindern in einem Kreis zusammen.

DURCHFÜHRUNG

Erklären Sie den Kindern, dass Gefühle manchmal wie kleine Monster sind, die im Bauch wachsen können. So werden sie manchmal auch sehr groß und kräftig. Fragen Sie die Kinder,

ob sie heute vielleicht schon ein kleines Gefühlsmonster gesehen haben. Waren sie selbst oder jemand, den sie kennen, vielleicht schlecht drauf oder gar wütend? Bitten Sie die Kinder, sich ein wütendes Monster vorzustellen.
Sprechen Sie gezielt ein Kind an, ob es ein Monster gesehen und wie sich dieses gezeigt hat. Das Kind darf vormachen, wie sich z. B. das wütende Monster bewegt hat. Anschließend dürfen alle Kinder die Bewegungen nachmachen. Achten Sie gemeinsam mit den Kindern dabei auch auf Gestik und Mimik.
Anschließend fordern Sie das nächste Kind auf, ein Gefühlsmonster zu zeigen.

SICH SELBST UMARMEN

Alter ab 3 Jahren

Anzahl der Kinder 2–12 Kinder

Das lernen die Kinder Die Kinder üben sich in Selbstliebe und Selbstfürsorge.

Das brauchen Sie

- **1 Sitzkissen pro Kind**

VORBEREITUNG

Legen Sie mit den Kindern die Sitzkissen in einem Kreis aus und finden Sie sich mit ihnen dort zusammen.

DURCHFÜHRUNG

Erklären Sie den Kindern, dass sich heute alle ganz doll selbst lieb haben werden. Und das wollen alle auch mal ihrem Körper zeigen. Führen Sie die folgende Übung gemeinsam mit den Kindern durch: Die Kinder fassen sich mit der rechten Hand an den linken Oberarm und mit der linken Hand an den rechten Oberarm. So umarmen sich die Kinder selbst und halten die Umarmung so lange, wie sie angenehm ist. Dabei dürfen die Kinder zu sich selbst sagen: „Ich habe mich lieb."

GEFÜHLE-WÜRFEL

Alter ab 3 Jahren

Anzahl der Kinder 4–16 Kinder

Das lernen die Kinder Die Kinder können die gewürfelten Gefühle benennen und beschreiben.

Das brauchen Sie

- **1 Blanko-Würfel mit Fenstern z. B. in 10 × 10 cm**
- **Kopiervorlagen „Gefühle-Würfel" (siehe Anlage)**
- **Schere**
- **1 Sitzkissen pro Kind**

VORBEREITUNG

Kopieren Sie die Vorlagen „Gefühle-Würfel" auf festes Papier und schneiden Sie diese aus.
Stecken Sie die vorbereiteten Gefühle-Karten in die Fenster des Blanko-Würfels.
Legen Sie die Sitzkissen zu einem Kreis und finden Sie sich dort mit den Kindern zusammen.

DURCHFÜHRUNG

Zeigen Sie den Kindern den Gefühle-Würfel. Fragen Sie die Kinder, welche Gefühle sie auf den einzelnen Seiten des Würfels sehen können. Überlegen Sie mit den Kindern gemeinsam, ob sie diese Gefühle kennen und wann sie diese vielleicht schon selbst erlebt haben.
Bitten Sie ein Kind, in die Mitte des Kreises zu gehen, dort zu würfeln und das oben angezeigte Gefühl dazustellen. Dabei dürfen neben Gestik und Mimik auch passende Geräusche eingesetzt werden, z. B. Lachen oder Weinen.

ALTERNATIVE

Ein Kind würfelt so, dass die anderen Kinder das angezeigte Gefühl nicht sehen können, und stellt dieses dar. Die anderen Kinder sollen nun erraten, welches Gefühl präsentiert wird.

TOP-ODER-FLOP-STAB

Alter ab 3 Jahren

Anzahl der Kinder alle Kinder

Das lernen die Kinder Mit dem Top-oder-Flop-Stab können die Kinder zeigen, ob ihnen etwas gefällt oder nicht gefällt. Das kann sowohl im Alltag als auch in konkreten Angeboten eingesetzt werden.

Das brauchen Sie

- **weiße Pappe**
- **1 Schere pro Kind**
- **Wachsmalstifte**
- **flüssiger Kleber**
- **1 Holzlöffel pro Kind**

VORBEREITUNG

Stellen Sie die benötigten Materialien auf dem Basteltisch bereit. Malen Sie auf der Pappe Kreise im Durchmesser von ca. 10–12 cm vor.

DURCHFÜHRUNG

Die Kinder schneiden zwei gleich große Kreise im Durchmesser von circa 10–12 cm aus. Auf den einen Kreis malen die Kinder ein lachendes Gesicht, auf den anderen Kreis ein trauriges Gesicht. Die beiden Kreise werden mit Kleber an den oberen Teil des Kochlöffels geklebt.

Erklären Sie den Kindern den Einsatz von ihrem Top-oder-Flop-Stab. Überlegen Sie gemeinsam mit den Kindern, wann die Stäbe eingesetzt werden könnten. Eine gute Möglichkeit bietet der Stab nach unterschiedlichen Angeboten zur Reflexion an, um sich die Meinung der Kinder einzuholen. Hat ihnen das Angebot gefallen? Oder vielleicht auch nach dem Mittagessen, um zu sehen, ob es den Kindern geschmeckt hat.

LUFTBOXEN

Alter ab 3 Jahren

Anzahl der Kinder 1–8 Kinder

Das lernen die Kinder Die Kinder erfahren in dieser Übung, mit eventuellen Frustrationen oder Aggressionen umzugehen.

DURCHFÜHRUNG

Die Kinder bekommen die Aufgabe, sich ihre negativen Gefühle vorzustellen und diese mit ihren Fäusten zu bekämpfen, indem sie in die Luft boxen. Dabei dürfen sie ihre ganze Kraft in den Kampf hineinlegen.

SELBSTWIRKSAMKEITS-ÜBERZEUGUNG

Was kann ich besonders gut? – In diesem Kapitel werden Spiele vorgestellt, bei denen die Kinder ihre Fähigkeiten und Stärken kennenlernen und auch andere bei der Suche nach diesen unterstützen. Damit fördern Sie das Selbstwertgefühl der Kinder. Sie entwickeln dabei ihr Selbstvertrauen und lernen sich selbst zu achten. Denn wer seine eigenen Stärken kennt, kann darauf aufbauen. Kinder, die um ihre Stärken wissen, gehen offen, zuversichtlich und mutig durchs Leben.
Leider kommt es im Alltag vieler Kinder regelmäßig vor, dass sie vor allem wahrnehmen, was sie noch nicht können. Deshalb ist es so wichtig, Kindern Rahmenbedingungen zu bieten, in denen sie möglichst selbstständig durch den Alltag kommen.

DIRIGENT

Alter ab 4 Jahren

Anzahl der Kinder 4–15 Kinder

Das lernen die Kinder Die Kinder lernen, vor der Gruppe zu stehen und zu sprechen. Sie setzen eigene Ideen um und können die Führungsrolle im Spiel übernehmen. Dabei treten sie mit anderen Kindern in Kontakt und erfahren, Verantwortung zu übernehmen.

Das brauchen Sie

- **Turnraum oder freie Fläche**

VORBEREITUNG

Finden Sie sich mit den Kindern in einem Kreis zusammen.

DURCHFÜHRUNG

Wählen Sie ein Kind als Dirigent aus. Dieses Kind darf jetzt Bewegungen vormachen und alle anderen Kinder machen die Bewegungen nach.

Sammeln Sie, falls die Kinder eventuell ein wenig Unterstützung bei den Bewegungsideen benötigen, vorher gemeinsam mögliche Fortbewegungsarten wie laufen, gehen, hüpfen, springen, klatschen, Arme kreisen, Hampelmann springen, rückwärtsgehen, krabbeln u. v. m.

ALTERNATIVE

Ein Kind geht, bevor der Dirigent ausgewählt wird, kurz vor die Tür. Es hat anschließend die Aufgabe, herauszufinden, wer der Dirigent ist.

DER KESSEL PLATZT

Alter ab 4 Jahren

Anzahl der Kinder 5–15 Kinder

Das lernen die Kinder Sie übernehmen Führungsrollen in einem Spiel und lernen dadurch, vor der Gruppe zu sprechen. Dies stärkt das Selbstvertrauen der Kinder.

VORBEREITUNG

Finden Sie sich mit den Kindern in einem Kreis zusammen.

DURCHFÜHRUNG

Die Kinder fassen sich an den Händen. Sie stellen das Wasser in einem Kessel dar. In der Kreismitte steht ein Kind und beschreibt das Wasser (z. B. kalt, lauwarm, …). Je nach Temperatur bewegen sich die Kinder nun langsam oder immer schneller. Wenn das Kind in der Mitte sagt „Der Kessel platzt", lassen alle Kinder die Hände ihrer Nachbarn los und laufen weg. Das Kind in der Mitte versucht nun ein anderes Kind zu fangen. Dieses darf jetzt in die Mitte und das Wasser im Kessel beschreiben.

LOBERUNDE

Alter ab 4 Jahren

Anzahl der Kinder 4–16 Kinder

Das lernen die Kinder Die Kinder überlegen einmal ganz bewusst, wofür sie andere Kinder schätzen. Gleichzeitig erfahren sie von den anderen Kindern Lob, das ihr Selbstbewusstsein stärkt.

Das brauchen Sie

- **1 Sitzkissen pro Kind**

VORBEREITUNG

Legen Sie gemeinsam mit den Kindern aus den Sitzkissen einen Sitzkreis und finden Sie sich dort mit Ihnen zusammen.

DURCHFÜHRUNG

Wählen Sie ein Kind aus. Dieses Kind soll nun wiederum drei Kinder auswählen, die etwas Freundliches, Lobendes über das Kind sagen. Zum Beispiel: „Mir gefällt, dass du immer so gut mit mir spielst." – „Mir gefällt an dir, dass du immer so schöne Zöpfe hast." – „Mir gefällt an dir, dass du immer mit mir teilst" …

Nachdem die drei Kinder lobende Worte über das Kind gesagt haben, sucht dieses ein neues Kind aus, das dann wieder drei Kinder benennen darf, die etwas Positives über das ausgewählte Kind sagen.

TIPP Wenn es den Kindern schwerfällt, lobende Worte zu finden, überlegen Sie erst einmal gemeinsam, was man an anderen Kindern gut finden kann. Machen Sie doch auch mit und sagen jedem Kind etwas Positives. Zudem können Sie zu Beginn eine klare Reihenfolge festlegen, wer zuerst spricht. Wichtig ist, dass wirklich nur Positives gesagt wird.

EIN STREICHELN WEITERGEBEN

Alter ab 3 Jahren

Anzahl der Kinder 3–20 Kinder

Das lernen die Kinder Die Kinder erleben positiven Körperkontakt und geben diesen weiter. Das stärkt den Kontakt der Kinder untereinander und sie gehen achtsam miteinander um. Dabei lernen sie ihre eigenen Bedürfnisse und die der anderen Kinder kennen.

Das brauchen Sie

- **1 Stuhl pro Kind**

VORBEREITUNG

Finden Sie sich mit den Kindern in einem Sitzkreis zusammen.

DURCHFÜHRUNG

Starten Sie mit dem Kind, das rechts neben Ihnen sitzt, mit einer netten Berührung wie z. B. dem Streicheln der linken Hand. Natürlich muss niemand mitmachen. Nur wenn die Kinder sich wohl dabei fühlen, dass jemand sie streichelt, sollten sie an dem Spiel teilnehmen.
Die von Ihnen gemachte Berührung wird im Kreis weitergegeben, bis sie wieder am Ausgangspunkt angekommen ist. Als Nächstes fängt ein beliebiges Kind an, eine selbst überlegte Berührung weiterzugeben.

TIPP Überlegen Sie gegebenenfalls vorher mit den Kindern, welche unterschiedlichen netten Berührungen weitergegeben werden können.

HASE LAUF, HASE SITZ

Alter ab 2 Jahren

Anzahl der Kinder 4–15 Kinder

Das lernen die Kinder Die Kinder erfahren, dass sie ein Spiel durch ihr Handeln beeinflussen können, und erfahren so, Mitverantwortung für das Spiel zu übernehmen.

Das brauchen Sie

- **ausreichend Platz, ggf. Turnhalle**

DURCHFÜHRUNG

Die Kinder bewegen sich kreuz und quer durch den Raum. Jeder darf jeden mit dem Finger antippen und ihm das Kommando „Hase sitz!" oder „Hase lauf!" geben. Bei „Hase sitz!" muss sich das angetippte Kind auf den Boden hocken und beide Hände als Hasenohren auf den Kopf nehmen. Es darf erst dann weiterlaufen, wenn irgendjemand es mit einem freundlichen Antippen und „Hase lauf!" dazu auffordert. Sie können durch aktives Mitspielen steuern, dass einzelne Kinder nicht zu lange sitzen bleiben müssen.

HAST DU EINE MURMEL?

Alter ab 4 Jahren

Anzahl der Kinder 5–20 Kinder

Das lernen die Kinder Die Kinder müssen miteinander in Kontakt treten und bei der Sache bleiben, bis sie Erfolge erzielen. Sie lernen, Verantwortung für ihr Handeln zu übernehmen, indem sie dem ausgewählten Kind helfen oder nicht.

Das brauchen Sie

- **3–5 Murmeln (abhängig von der Gruppengröße)**
- **1 Sitzkissen pro Kind**

VORBEREITUNG

Stellen Sie die Murmeln bereit. Legen Sie gemeinsam mit den Kindern die Sitzkissen zu einem Sitzkreis aus und finden Sie sich mit ihnen zusammen.

DURCHFÜHRUNG

Wählen Sie ein Kind aus, das kurz den Raum verlässt. Sie verteilen währenddessen die Murmeln an die Kinder. Alle Kinder halten ihre Hände jetzt so, dass man nicht sehen kann, ob sie eine Murmel in der Hand halten oder nicht. Das Kind wird wieder in den Kreis gebeten und hat die Aufgabe herauszufinden, welche Kinder eine Murmel in ihren Händen halten. Das Kind kann der Reihe nach alle anderen Kinder befragen und jeweils überlegen, ob die Wahrheit gesagt wurde oder nicht. Die Kinder mit den Murmeln können quasi entscheiden, ob sie dem Mitspieler in der Mitte mit einer wahren Aussage weiterhelfen wollen oder nicht. Das Spiel endet, wenn das Kind in der Mitte alle Murmeln gefunden hat.

ZIELWERFEN

Alter ab 3 Jahren

Anzahl der Kinder 2–15 Kinder

Das lernen die Kinder Die Kinder können in diesem Spiel den Schwierigkeitsgrad selbst bestimmen und so ihre eigenen Stärken bewusst wahrnehmen. Die Kinder versuchen, sich mehr zu trauen, auch wenn sie dabei ihr Ziel vielleicht einmal verfehlen.

Das brauchen Sie

- **Bälle**
- **Sandsäckchen**
- **Gymnastikreifen**
- **kleine Kisten**
- **Turnraum oder freie Fläche**

VORBEREITUNG

Stellen Sie die benötigten Materialien bereit.

DURCHFÜHRUNG

Erklären Sie den Kindern, dass sie heute selbst Wurfspielstationen vorbereiten dürfen. Sie können die Stationen sowohl alleine als auch zu zweit aufbauen und nutzen. Dazu wählen sich die Kinder ein Wurfmaterial wie z. B. einen Ball oder ein Sandsäckchen aus. Sie beginnen immer an der gleichen Stelle. Das Ziel, z. B. einen Gymnastikreifen oder eine kleine Kiste, stellen sie in einem Abstand, der ihnen realistisch erscheint, auf. Wenn sie das Ziel mehrmals getroffen haben, können sie den Abstand vergrößern.
Die Kinder übernehmen hier die Verantwortung für das Gelingen der Spiele/Stationen und sollen sich daher überlegen, ob diese umsetzbar und für alle Kinder geeignet sind. Und selbstverständlich auch, ob die Aktion den anderen Spaß machen wird.

JEDER FÄNGT JEDEN

Alter ab 3 Jahren

Anzahl der Kinder 4–6 Kinder

Das lernen die Kinder Die Kinder lernen, die Führungsrolle in einem Spiel zu übernehmen und damit zum Gelingen des Spiels beizutragen.

Das brauchen Sie

- **CD-Player**
- **Bewegungsmusik**
- **Turnraum oder freie Fläche**

VORBEREITUNG

Stellen Sie die benötigten Materialien bereit.

DURCHFÜHRUNG

Die Kinder laufen zur Musik frei durch den Raum, dabei sucht sich jedes Kind in Gedanken schon ein Kind aus, das es beim Musikstopp fangen möchte. Wenn die Musik stoppt, haben die Kinder die Aufgabe, so schnell wie möglich das entsprechende Kind zu fangen. Die gefangenen Kinder müssen stehen bleiben. Haben alle Kinder das ausgedachte Kind gefangen, kann die nächste Runde starten.

DAS ICH-KANN-GUT-SPINNENNETZ

Alter ab 4 Jahren

Anzahl der Kinder 4–15 Kinder

Das lernen die Kinder Die Kinder werden sich ihrer Talente bewusst. Sie erkennen ihre eigenen positiven Eigenschaften und können diese auch benennen. Die Kinder lernen, vor der Gruppe zu sprechen und ihre eigene Meinung zu äußern.

Das brauchen Sie

- **1 Wollknäuel von mindestens 20 m Länge**

VORBEREITUNG

Legen Sie die benötigten Materialien bereit und finden Sie sich mit den Kindern in einem Kreis zusammen.

DURCHFÜHRUNG

Halten Sie das Ende des Wollknäuels mit einer Hand fest. Werfen Sie das Wollknäuel zu einem Kind und sagen Sie dabei eine Sache, die Sie gut können. Das Kind fängt das Wollknäuel und hält ein Stück Schnur des Wollknäuels mit einer Hand fest, bevor es das Wollknäuel weiterwirft und dabei sagt, was es selbst gut kann. Das Spiel geht so lange, bis jedes Kind einmal an der Reihe war und die Gruppe sich durch das Ich-kann-gut-Spinnennetz verbunden hat.

MURMELGLAS DER TALENTE

Alter ab 4 Jahren

Anzahl der Kinder 4–20 Kinder

Das lernen die Kinder Die Kinder führen sich ihre eigenen Talente vor Augen und nehmen auch die Talente der anderen Kinder wahr. Dabei entdecken sie durch die Fülle an Talenten in der Gruppe, dass jeder anders ist.

Das brauchen Sie

- **1 schönes Glas**
- **1 Murmel für jedes Kind**
- **1 Sitzkissen für jedes Kind**

VORBEREITUNG

Stellen Sie die benötigten Materialien bereit und legen Sie gemeinsam mit den Kindern die Sitzkissen zu einem Kreis. Finden Sie sich anschließend dort mit ihnen zusammen.

DURCHFÜHRUNG

Besprechen Sie mit den Kindern, dass es heute um Talente geht, also Dinge und Fähigkeiten, die die Kinder besonders gut können. Geben Sie anschließend jedem Kind eine Murmel.

Anschließend gehen Sie der Reihe nach mit einem schönen Glas von Kind zu Kind. Wenn das jeweilige Kind an der Reihe ist, legt es seine Murmel in das Glas und sagt dabei, was es besonders gut kann. Und so füllt sich von Kind zu Kind das Glas mit den Talenten aus der Gruppe. Zum Schluss lassen Sie das Glas reihum gehen und jedes Kind kann die Menge an Talenten in der Gruppe bestaunen.

VARIATION

Die Kinder dürfen sich so viele Murmeln nehmen, wie sie möchten, und zu jeder Murmel ein Talent benennen.

EINE TÜTE MIT KOMPLIMENTEN

Alter ab 4 Jahren

Anzahl der Kinder 4–15 Kinder

Das lernen die Kinder Durch das Verteilen und Erhalten von Komplimenten werden die Kinder auf spielerische Art in ihrem Selbstbewusstsein gestärkt.

Das brauchen Sie

- **1 Papiertüte**
- **1 Sitzkissen pro Kind**

VORBEREITUNG

Stellen Sie das benötigte Material bereit. Legen Sie gemeinsam mit den Kindern die Sitzkissen zu einem Kreis und finden Sie sich dort zusammen.

DURCHFÜHRUNG

Wählen Sie ein Kind aus, für das in dieser Runde Komplimente eingesammelt werden. Dazu nehmen Sie die Papiertüte in die Hand und öffnen sie. Gehen Sie mit der Papiertüte reihum von Kind zu Kind, um die Komplimente über das ausgewählte Kind einzusammeln. Die Kinder sollen nun etwas Positives über das Kind sagen und dann so tun, als würden sie einen Zettel mit den Worten in die Tüte stecken. Wenn alle etwas gesagt haben, gehen Sie zu dem Kind, das Komplimente bekommen hat, und schütten Sie die Papiertüte über dessen Kopf symbolisch aus.

KÖNIG/KÖNIGIN VOM HÜPFELAND

Alter ab 3 Jahren

Anzahl der Kinder 4–15 Kinder

Das lernen die Kinder Die Kinder formulieren Bewegungsideen und fordern damit alle anderen Kinder zum Handeln auf. Dadurch lernen sie, spielerisch Verantwortung in einem Spiel zu übernehmen und achtsam mit sich und den anderen Kindern umzugehen.

Das brauchen Sie

- **1 Zauberstab**
- **1 Krone**
- **Turnraum oder freie Fläche**

VORBEREITUNG

Stellen Sie die benötigten Materialien bereit.

DURCHFÜHRUNG

Geben Sie einem Kind die Krone und den Zauberstab. Das Kind darf jetzt als König oder Königin über ein erfundenes Land regieren. So kann das Kind z. B. sagen: „Ich bin die Königin vom Rückwärtslauf-Land." Die Kinder (Untertanen) bewegen sich nun so, wie die Königin/der König ihr/sein Land benannt hat, und laufen rückwärts durch den Raum.
Nach einiger Zeit gibt das Kind den Zauberstab und die Krone an ein Kind weiter. Dieses gibt nun ebenfalls bekannt, von welchem Land es König oder Königin ist, und fordert die Kinder ebenfalls zu der passenden Bewegung auf. Das Spiel endet, wenn jedes Kind einmal König oder Königin war.

SOZIALE KOMPETENZEN

Wie arbeite ich am besten mit anderen zusammen? Und wie verhalte ich mich in einer Gruppe? – Die folgenden Spiele setzen den Fokus auf Interaktion und Kommunikation mit- bzw. untereinander sowie auf die Teamfähigkeit der Kinder. Sie lernen, auf andere Kinder zuzugehen, mit ihnen gemeinsam an einem Ziel zu arbeiten und so ein gutes soziales Miteinander zu schaffen. Dabei erfahren sie, sich zu behaupten und gemeinsam Lösungen zu finden. Die folgenden Spiele geben den Kindern die Möglichkeit, ihre Meinung zu äußern, Kontakt zu anderen Kindern aufzubauen und sich offen und tolerant gegenüber anderen zu zeigen.

GEMEINSAM EIN BILD MALEN

Alter ab 3 Jahren

Anzahl der Kinder 2–6 Kinder

Das lernen die Kinder Die Kinder erfahren, dass Absprachen dazu führen können, ein gemeinsames Ziel zu erreichen. Die Kinder äußern dabei ihre eigenen Ideen und Bedürfnisse, lernen aber auch, zuzuhören, wenn andere Ideen einbringen.

Das brauchen Sie

- **großes Blatt Papier (z. B. von einem Flipchart)**
- **Buntstifte oder Wasserfarben**

VORBEREITUNG

Stellen Sie die benötigten Materialien bereit und finden Sie sich mit den Kindern in einem Kreis zusammen.

DURCHFÜHRUNG

Erklären Sie den Kindern, dass sie heute gemeinsam ein Bild malen werden. Zuerst müssen sich die Kinder dafür auf ein Thema einigen. Was soll auf dem Bild zu sehen sein? Und auf welche

Art möchten die Kinder es gestalten? Diese gemeinsame Planung ist besonders wichtig, damit alle beteiligten Kinder ihren Platz finden. Nun können die Kinder mit dem Malen anfangen. Fragen Sie die Kinder nach der Fertigstellung, was ihnen am gemeinsamen Malen gut und was nicht so gefallen hat. Gab es Schwierigkeiten bei der Umsetzung? Wie könnte man diese beim nächsten Mal verhindern?

BLINDENFÜHRER

Alter ab 4 Jahren

Anzahl der Kinder 2–12 Kinder

Das lernen die Kinder Die Kinder machen die Erfahrung, dass man anderen manchmal vertrauen und aufeinander Rücksicht nehmen muss. Dabei unterstützen die Kinder sich gegenseitig und zeigen sich offen und tolerant ihrem Partner gegenüber.

Das brauchen Sie

- **1 Augenbinde pro Paar**

VORBEREITUNG

Finden Sie sich mit den Kindern in einem Kreis zusammen.

DURCHFÜHRUNG

Erzählen Sie den Kindern, dass Sie jetzt ein Spiel machen wollen, bei dem man gut auf seinen Partner aufpassen muss. Die Kinder sollen dafür immer zu zweit zusammengehen. Ein Kind setzt eine Augenbinde auf und wird von seinem Partner langsam und vorsichtig durch den Raum geführt. Anschließend werden die Rollen getauscht.

Fragen Sie die Kinder nach der Übung, wie es sich für sie angefühlt hat, blind durch den Raum geführt zu werden und darauf zu vertrauen, dass ihr Partner auf sie aufpasst. Haben sie sich sicher gefühlt? Oder hatten sie Angst, sich wehzutun?

INSELSPIEL

Alter ab 3 Jahren

Anzahl der Kinder 5–16 Kinder

Das lernen die Kinder Sie unterstützen sich gegenseitig und arbeiten an einem gemeinsamen Ziel. Die Kinder sprechen sich untereinander ab und finden so zusammen Lösungen.

Das brauchen Sie

- **CD-Player**
- **Bewegungsmusik**
- **ein Gymnastikreifen pro Kind**
- **Turnraum oder freie Fläche**

VORBEREITUNG

Stellen Sie die benötigten Materialien bereit.

DURCHFÜHRUNG

Alle Gymnastikreifen werden auf dem Boden ausgelegt. Sie stellen kleine Inseln dar. Jedes Kind steht zu Beginn auf einer Insel, also in seinem Gymnastikreifen. Erzählen Sie den Kindern, dass das Wasser immer weiter steigt und nach und nach mehr Inseln verschwinden werden. Die Kinder laufen nun zur Musik durch den Turnraum. Bei Musikstopp muss sich jedes Kind auf eine Insel retten.

Nehmen Sie nun nach jedem Stopp einen Reifen weg. Trotzdem müssen alle Kinder Platz auf einer Insel finden. Dabei scheidet kein Kind aus. Alle Kinder müssen Platz auf den vorhandenen Inseln finden. Die Kinder sollen sich dabei gegenseitig unterstützen und Lösungen finden, damit alle auf den immer weniger werdenden Inseln Platz finden können. Sie dürfen sich dabei z. B. gegenseitig festhalten, sich Huckepack nehmen oder zwei Kinder halten ein Kind hoch. Wie viele Inseln brauchen die Kinder, damit alle einen Platz finden? Fragen Sie die Kinder nach dem Spiel, wie sie sich gegenseitig unterstützt haben und was gut und noch nicht so gut geklappt hat. Welche Lösungen haben die Kinder gefunden?

SANITÄTERSPIEL

Alter ab 3 Jahren

Anzahl der Kinder 6–12 Kinder

Das lernen die Kinder Die Kinder helfen sich gegenseitig, damit alle Kinder wieder mitspielen können. So lernen sie, aufeinander Rücksicht zu nehmen, sich der Gruppe anzupassen, aber auch, ihre eigenen Interessen zu verfolgen.

Das brauchen Sie

- **1 Turnmatte**
- **ggf. Mannschaftsbänder, um die Fänger zu markieren**

VORBEREITUNG

Stellen Sie das benötigte Material bereit.

DURCHFÜHRUNG

In der Mitte der Turnhalle liegt eine Turnmatte, die das Krankenhaus darstellt. Ein oder zwei Kinder, die Viren, versuchen die anderen Kinder zu fangen. Diese fallen krank zu Boden, wenn sie von den Viren berührt werden. Sie müssen nun von anderen Kindern zum Krankenhaus transportiert werden, um wieder gesund zu werden und erneut mitmachen zu können. Freie Kinder werden zu Sanitätern und bringen immer mindestens zu zweit das kranke Kind ins Krankenhaus. Währenddessen dürfen die Sanitäter nicht gefangen werden. Im Krankenhaus angekommen, zählt das Kind bis 10 und darf wieder mitspielen.
Das Spiel endet, wenn alle Kinder gefangen wurden und kein Kind mehr befreit werden kann. Treffen Sie sich anschließend mit den Kindern in einem Kreis und fragen Sie sie, was gut geklappt hat bei dem Spiel und was nicht. Wie haben sich die Kinder gegenseitig unterstützt?

GEMEINSAM PUZZELN

Alter ab 4 Jahren

Anzahl der Kinder 2–4 Kinder

Das lernen die Kinder Die Kinder lernen, gemeinsam an einer Sache zu arbeiten und sich in der Gruppe einzubringen. Sie müssen sich gegenseitig zuhören und lernen, sich zurückzuhalten, abzuwarten und sich nicht unnötig in den Vordergrund zu drängen.

Das brauchen Sie

- **1 Puzzle**

VORBEREITUNG

Suchen Sie ein geeignetes Puzzle für die Kleingruppe aus und überprüfen Sie dieses auf Vollständigkeit. Finden Sie sich mit den Kindern auf dem Teppich oder an einem gut zugänglichen Tisch zusammen.

DURCHFÜHRUNG

Die Kinder versuchen nun gemeinsam, das Puzzle so schnell wie möglich zusammenzusetzen. Dabei kommunizieren sie miteinander und unterstützen sich gegenseitig.

Fragen Sie die Kinder anschließend, ob sich alle gut einbringen konnten und wie sie sich gegenseitig unterstützt haben.

VARIANTE: PUZZLESTAFFEL

Sie können eine etwas größere Gruppe in 2–3 Kleingruppen einteilen. Jede Gruppe bekommt ein eigenes Puzzle mit gleich vielen Teilen. Die Puzzleteile werden jeweils ca. 10 Meter entfernt bereitgelegt. Immer ein Kind aus der Gruppe darf zu den Puzzleteilen laufen und eines mitbringen. Gemeinsam puzzeln die Kinder in ihrer Kleingruppe. Gewonnen hat die Mannschaft, die ihr Puzzle zuerst fertig zusammengesetzt hat.

RANGIERBAHNHOF

Alter ab 3 Jahren

Anzahl der Kinder 6–16 Kinder

Das lernen die Kinder Sie suchen den Kontakt zu anderen Kindern und müssen sich immer wieder auf einen neuen Partner einlassen. Dadurch lernen sie, Rücksicht aufeinander zu nehmen und sich offen und tolerant gegenüber den anderen Kindern zu verhalten.

Das brauchen Sie

- **Turnraum oder freie Fläche**

VORBEREITUNG

Finden Sie sich mit den Kindern im Turnraum oder auf einer freien Fläche zusammen.

DURCHFÜHRUNG

Die Kinder laufen immer zu zweit hintereinander kreuz und quer durch die Halle – sie stellen dabei eine Lokomotive mit einem Waggon dar. Das erste/vordere Kind ist die Lokomotive, das zweite/hintere Kind hält sich an den Schultern des vorderen Kindes fest und ist ein Waggon. Es gibt aber auch Waggons (Kinder), die sich frei durch den Raum bewegen – am besten legen Sie diese zuvor fest. Die freien Waggons suchen sich eine Eisenbahn und hängen sich hinten an den Waggon dran. Sobald drei Kinder verbunden sind, wird die Lokomotive (das vorderste Kind) zum einzelnen Waggon und sucht sich eine neue Eisenbahn.

WER FEHLT? WER IST DA?

Alter ab 3 Jahren

Anzahl der Kinder 8–20 Kinder

Das lernen die Kinder Mit diesem Spiel wird das Gruppengefühl der Kinder gestärkt und die Kinder nehmen sich untereinander bewusst als Mitglieder der Gruppe wahr.

Das brauchen Sie

- **Glasnuggets entsprechend der Anzahl der Kinder**
- **1 offener Behälter**
- **2 Holzschalen**
- **1 rotes und 1 grünes Tuch**
- **1 Sitzkissen pro Kind**

VORBEREITUNG

Legen Sie die Glasnuggets in der passenden Anzahl der Kinder in dem offenen Behälter in die Mitte des Sitzkreises. Legen Sie in die zwei Holzschalen ein rotes und ein grünes Tuch und stellen Sie diese ebenfalls in die Mitte des Sitzkreises. Finden Sie sich mit den Kindern zu einem Sitzkreis zusammen.

DURCHFÜHRUNG

Ein Kind nimmt ein Glasnugget aus dem offenen Behälter und nennt einen Namen von einem Kind aus der Gruppe. Ist das Kind an dem Morgen anwesend, wird das Glasnugget in die Holzschale mit dem grünen Tuch gelegt. Ist das Kind nicht anwesend, wird das Glasnugget in die Holzschale mit dem roten Tuch gelegt. Das geht reihum, bis alle Gruppenmitglieder benannt wurden.

BAUSTEINÜBUNG

Alter ab 4 Jahren

Anzahl der Kinder 2–8 Kinder

Das lernen die Kinder Die Kinder lernen, miteinander zu kommunizieren und dem Partner die vorliegenden Bausteine genau zu erklären. Dabei üben sie, an einem gemeinsamen Ziel zu arbeiten und sich gegenseitig gut zuzuhören.

Das brauchen Sie

- **5–10 farbige Holzbausteine pro Kind**

VORBEREITUNG

Stellen Sie das benötigte Material bereit. Die Kinder sollen zu zweit jeweils genau die gleiche Anzahl und die gleichen Formen an Bausteinen zur Verfügung gestellt bekommen. Finden Sie sich mit den Kindern in einem Sitzkreis zusammen.

DURCHFÜHRUNG

Erklären Sie den Kindern, dass sie heute alle kleine Baumeister sein werden. Neben dem Bau von Gebäuden müssen Baumeister auch ganz genaue Anweisungen geben können.
Die Kinder finden sich jeweils zu zweit zusammen und setzen sich Rücken an Rücken auf den Boden. Vor den Kindern liegen jeweils genau die gleichen Bausteine.

Ein Kind ist der Baumeister und baut aus den vorhandenen Bausteinen ein beliebiges Bauwerk. Es erklärt seinem Partner anschließend so gut, wie es geht, sein Bauwerk. Das Partnerkind versucht nun das Bauwerk nachzubauen. Wenn die Kinder fertig sind, können sie ihre Ergebnisse miteinander vergleichen. Anschließend werden die Rollen getauscht.

TIPP Wenn es noch nicht so gut klappt, darf der Baumeister zwischendurch auch schauen und seine Anweisungen entsprechend nachbessern.

DAS WACHSENDE MONSTER

Alter ab 4 Jahren

Anzahl der Kinder 6–16 Kinder

Das lernen die Kinder Die Kinder müssen sich als Gruppe für ein gemeinsames Ziel absprechen und entsprechend ihrer Absprachen agieren.

Das brauchen Sie

- **Turnraum oder freie Fläche**

VORBEREITUNG

Finden Sie sich mit den Kindern im Turnraum oder auf einer freien Fläche zusammen.

DURCHFÜHRUNG

Wählen Sie ein Kind aus der Gruppe aus: Dieses Kind ist das kleine Monster. Das Monster möchte wachsen, indem es Kinder fängt. Die anderen Kinder laufen vor dem kleinen Monster davon. Wenn das Monster ein Kind gefangen hat, nimmt es das Kind an die Hand und wächst auf diese Weise. Die Kette der gefangenen Kinder wird somit immer länger.
Damit sie gemeinsam das nächste Kind fangen können, ist es für die Monster hilfreich, sich abzusprechen, damit die Kinder nicht in unterschiedliche Richtungen laufen und die Kette auseinanderbricht. Das Spiel endet, wenn alle Kinder Teil des Monsters sind.

VARIANTE

Leichter wird das Spiel, wenn das Monster sich bei vier Kindern in zwei und zwei Kinder teilt, die sich an den Händen halten. Die Absprachen sind zu zweit oder dritt einfacher zu treffen.

SCHIFFE VERSENKEN

Alter ab 4 Jahren

Anzahl der Kinder 5–16 Kinder

Das lernen die Kinder Die Kinder unterstützen sich gegenseitig, damit alle weiter mitspielen können. So werden das Gruppengefühl und das Zugehörigkeitsgefühl gestärkt.

Das brauchen Sie

- **1 Gymnastikreifen pro Kind**
- **1–2 Softbälle entsprechend der Gruppengröße**
- **Turnraum oder freie Fläche**

VORBEREITUNG

Stellen Sie die benötigten Materialien bereit und finden Sie sich mit den Kindern in einem Kreis zusammen.

DURCHFÜHRUNG

Erklären Sie den Kindern, dass Sie heute auf große Seefahrt gehen. Jedes Kind bekommt daher einen Gymnastikreifen als Boot und darf damit durch den Raum fahren. Dazu steigen die Kinder in den Reifen und halten diesen rechts und links auf Hüfthöhe wie einen Hula-Hoop-Reifen mit jeweils einer Hand fest.
Allerdings gibt es auch einen (oder zwei – je nach Gruppengröße) Piraten. Der Pirat bekommt einen Softball und versucht die Boote zu versenken, indem er den Softball durch deren Gymnastikreifen wirft. Das Boot geht dann entsprechend unter und das Kind legt den Gymnastikreifen auf den Boden und setzt sich hinein. Kinder, deren Boote noch nicht versunken sind, können die gestrandeten Seefahrer in ihrem Reifen aufnehmen und gemeinsam weiterfahren. Das Spiel endet, wenn alle Boote gesunken sind.
Setzen Sie sich nach dem Spiel mit den Kindern zusammen und fragen Sie, wie das Spiel geklappt hat. Was können die Kinder machen, damit alle am Spiel teilnehmen können?

VARIANTE

Damit das Aufnehmen anderer Seefahrer attraktiver ist, kann die Regel eingeführt werden, dass ein Boot ab drei Seefahrern nicht mehr abgeworfen werden darf und entsprechend nicht mehr versinkt.

BLINDE SCHLANGE

Alter ab 4 Jahren

Anzahl der Kinder 4–12 Kinder

Das lernen die Kinder Die Kinder lernen, Rücksicht aufeinander zu nehmen und aufeinander aufzupassen.

Das brauchen Sie

- **Turnraum oder freie Fläche**
- **1 Augenbinde pro Kind**

VORBEREITUNG

Finden Sie sich mit den Kindern im Turnraum oder auf einer freien Fläche zusammen.

DURCHFÜHRUNG

Die Kinder gehen in Kleingruppen zu dritt oder viert zusammen. Sie bilden gemeinsam eine Schlange, indem sie die Hände auf die Schultern des Vordermannes legen. Alle Kinder setzen sich eine Augenbinde auf. Nur das vorderste Kind, das den Schlangenkopf bildet, hat die Augen frei. Gemeinsam kriecht die Schlange durch den Raum. Der Schlangenkopf passt gut auf seinen Körper auf, sodass alle unbeschadet durch den Raum kommen.

VARIANTE

Wenn die Übung gut klappt, kann die Schlange verlängert werden und der Schlangenkopf muss auf mehr Mitglieder seines Schlangenkörpers achten.

VARIANTE 2

Nicht das vorderste Kind, der Schlangenkopf, kann sehen, sondern der Schwanz der Schlange, sprich das letzte Kind, und er versucht, seinen Körper durch den Raum zu führen.

ICH HELFE DIR – DU HILFST MIR

Alter ab 3 Jahren

Anzahl der Kinder 2–12 Kinder

Das lernen die Kinder Die Kinder helfen sich gegenseitig. Durch die gegenseitige Unterstützung werden Kommunikation und Teamfähigkeit spielerisch gefördert.

Das brauchen Sie

- **Kinderkleidung, ggf. ein bisschen größer als die eigentliche Kleidergröße der Kinder**

VORBEREITUNG

Legen Sie die Kinderkleidung für die Kinder bereit.

DURCHFÜHRUNG

Jedes Kind sucht sich einen Partner. Die Kinder bekommen die Aufgabe gestellt, sich gegenseitig beim Anziehen der Kinderkleidung zu helfen. Fragen Sie die Kinder anschließend, wie es geklappt hat, dem Partner zu helfen, und worauf sie beim Helfen geachtet haben.

TIPP Wenn die Kinder schon geübter sind, kann das auch eine schöne Abwechslung zum klassischen Anziehen darstellen.

PATENSCHAFT ÜBERNEHMEN

Alter ab 4 Jahren

Anzahl der Kinder 4–10 Kinder

Das lernen die Kinder Die Kinder übernehmen Verantwortung und helfen neuen Kindern, sich zurechtzufinden. Dabei wird die Kommunikationsfähigkeit auf beiden Seiten gefördert.

Das brauchen Sie

- **Umhängeketten oder Buttons mit gleichem Symbol**

VORBEREITUNG

Bereiten Sie Umhängeketten oder Buttons paarweise mit gleichem Symbol vor. Finden Sie sich mit den Kindern in einem Kreis zusammen.

DURCHFÜHRUNG

Stellen Sie die neuen Kinder der Gruppe vor. Die ältesten Kinder bekommen jeweils ein neues Kind zugeordnet und erhalten das gleiche Symbol. Der „große“ Pate ist für einen Tag (oder auch länger) für dieses Kind mitverantwortlich. Es führt das Kind durch die Räume und spielt gemeinsam mit dem Patenkind.
Treffen Sie sich anschließend wieder mit den Kindern und fragen Sie, ob und wie die Patenschaft funktioniert hat.

WIE GUT KENNE ICH DIE ANDEREN KINDER?

Alter ab 3 Jahren

Anzahl der Kinder 4–16 Kinder

Das lernen die Kinder Die Kinder lernen die Gruppenmitglieder besser kennen und zeigen sich offen und tolerant anderen Kindern gegenüber.

Das brauchen Sie

- **Spielchips oder Ähnliches**
- **1 Schale**
- **1 Sitzkissen pro Kind**

VORBEREITUNG

Legen Sie die Spielchips in eine Schale und stellen Sie diese in die Mitte des Sitzkreises. Legen Sie gemeinsam mit den Kindern die Sitzkissen zu einem Sitzkreis sowie ein Kissen in die Mitte des Kreises. Finden Sie sich mit den Kindern im Sitzkreis zusammen.

DURCHFÜHRUNG

Wählen Sie ein Kind aus, das sich in die Mitte des Kreises setzen darf. Stellen Sie den anderen Kindern Fragen über das Kind in der Mitte, z. B.:

- Mit wem spielt das Kind in der Mitte gerne?
- Was isst xy gerne?
- Womit spielt xy gerne?
- Geht xy gerne raus oder eher nicht?
- Kann xy schon Fahrrad fahren?
- Worüber freut sich xy ganz besonders?
- …

Die Kinder, die die Frage beantworten können, melden sich. Nehmen Sie ein Kind dran. Kann es die Frage richtig beantworten, bekommt es einen Spielchip. Wenn nicht, können alle anderen weiterraten.

FÜHR MICH

Alter ab 4 Jahren

Anzahl der Kinder 2–10 Kinder

Das lernen die Kinder Die Kinder lernen, ihrem Partner zu vertrauen und gut auf ihn zu achten. Sie nehmen Rücksicht aufeinander und halten sich an gemeinsam getroffene Absprachen.

Das brauchen Sie

- **1 Augenbinde pro Paar**
- **Instrumente wie z. B. Rassel, Schellenkranz, Glöckchen**
- **freie Fläche (Außengelände)**

VORBEREITUNG

Stellen Sie die benötigten Materialien bereit und gehen Sie mit den Kindern nach draußen.

DURCHFÜHRUNG

Die Kinder finden sich zu zweit zusammen. Ein Kind legt jeweils die Augenbinde an. Der Partner bekommt ein Musikinstrument. Das „blinde" Kind soll nun dem Geräusch des Instruments folgen und dabei voll und ganz seinem Partner vertrauen. Es wird ein Signal vereinbart, bei dem der Partner sofort stehen bleibt, falls ein Hindernis oder eine andere Gefahr auf dem Weg liegt. Anschließend werden die Rollen getauscht.

VARIANTE

Für viele Kinder ist es schon eine große Herausforderung, sich mit verbundenen Augen an der Hand über das Außengelände führen zu lassen.

SCHLACHTRUF MIT DEN KINDERN ENTWICKELN

Alter ab 3 Jahren

Anzahl der Kinder unbegrenzt

Das lernen die Kinder Mit einem gemeinsamen Schlachtruf wird die Gruppenzugehörigkeit gestärkt und das einzelne Kind nimmt sich als der Teil der Gruppe wahr.

Das brauchen Sie

- **Stift**
- **Papier**

VORBEREITUNG

Finden Sie sich mit den Kindern in einem Kreis zusammen.

DURCHFÜHRUNG

Erklären Sie den Kindern, dass manche Gruppen und Mannschaften einen gemeinsamen Schlachtruf haben. Sammeln Sie mit den Kindern bekannte Schlachtrufe wie z. B. die Begrüßung von Fußballmannschaften oder auch anderen Gruppierungen. Aber auch einfache Schlachtrufe wie „Können wir das schaffen? – Ja, wir schaffen das!" oder „Wer gewinnt?! – Wir!" eignen sich dafür.

Überlegen Sie mit den Kindern Gemeinsamkeiten und Merkmale der Gruppe und denken Sie sich zusammen mit ihren Kindern einen passenden Schlachtruf aus.

TIPP Schauen Sie sich gemeinsam mit den Kindern den Haka der Neuseeländer oder Hú der Isländer an. So bekommen die Kinder vielleicht Ideen für einen eigenen Schlachtruf.

GEMEINSAMES BILD AUS NATURMATERIALIEN LEGEN

Alter ab 3 Jahren

Anzahl der Kinder 2–16 Kinder

Das lernen die Kinder Die Kinder sprechen sich ab, um ein gemeinsames Bild aus Naturmaterialien zu legen. Dazu darf jedes Kind innerhalb der Gruppe seine Meinung äußern und seinen Platz in der Gruppe einnehmen.

Das brauchen Sie

- **Fotoapparat**
- **Seile oder Schnur**
- **Naturmaterialien**

VORBEREITUNG

Legen Sie mit den Seilen/der Schnur für jede Kleingruppe einen Rahmen als vorgegebenen Bereich für das gemeinsame Bild aus Naturmaterialien.

DURCHFÜHRUNG

Gehen Sie gemeinsam mit den Kindern nach draußen. Vielleicht haben Sie sogar die Möglichkeit, einen Spaziergang in einem nahe gelegenen Park oder Waldstück zu machen. Die Kinder finden sich in Kleingruppen zu dritt oder viert zusammen. Gemeinsam sammeln sie Naturmaterialien und bringen diese zu ihrem Bilderrahmen. Dort gestalten sie zusammen ein Bild aus den gesammelten Materialien.
Fotografieren Sie am Ende alle gemeinsam gestalteten Bilder und laden Sie die Kinder ein, sich auch die Bilder der anderen Gruppen anzusehen.

ANGEMESSENER UMGANG MIT STRESS

Was kann ich tun, wenn ich mich gestresst fühle? Wie kann ich mich entspannen? – Mit den folgenden Spielideen und Übungen lernen die Kinder Strategien zur Bewältigung von Stress kennen. Dabei können sie herausfinden, was ihnen guttut, und können diese Strategien in stressigen Situationen einfordern oder sogar selbstständig durchführen.
Ausgeglichene Kinder sind emotional gefasst, ruhig und gelassen. Die Kinder können für sich selbst Sorge tragen und das eigene Wohlbefinden stärken. Sie lernen Geduld mit sich selbst und anderen und können besser mit den Anforderungen des Alltags umgehen.

KUSCHELTIER-ENTSPANNUNG

Alter ab 3 Jahren

Anzahl der Kinder 2–8 Kinder

Das lernen die Kinder Die Kinder spüren ihren Atem und lernen, diesen bewusst wahrzunehmen und sich dadurch zu entspannen.

Das brauchen Sie

- **1 Gymnastikmatte pro Kind**
- **1 Kuscheltier pro Kind**

VORBEREITUNG

Legen Sie die Gymnastikmatten sternförmig aus. Sagen Sie den Kindern im Vorfeld, dass sie ein Kuscheltier mitbringen dürfen.

DURCHFÜHRUNG

Die Kinder legen sich mit dem Rücken auf eine Gymnastikmatte. Das Kuscheltier platzieren sie auf ihrem Bauch und atmen tief ein und aus. Das Kuscheltier bewegt sich auf dem Bauch hoch und runter. Die Kinder können ihr Kuscheltier dabei beobachten oder ihre Augen schließen und fühlen, wie sich das Kuscheltier auf und ab bewegt.

HASE HANNES – EINE MASSAGEGESCHICHTE

Alter ab 3 Jahren

Anzahl der Kinder 2–10 Kinder

Das lernen die Kinder Die Kinder massieren sich gegenseitig und nehmen dabei Rücksicht aufeinander. Sie lernen dabei, geduldig mit sich und dem Partner umzugehen.

Das brauchen Sie

- **1 Gymnastikmatte pro Paar**

VORBEREITUNG

Legen Sie die Gymnastikmatten sternförmig aus und finden Sie sich mit den Kindern auf diesen zusammen.

DURCHFÜHRUNG

Die Kinder gehen immer zu zweit zusammen und suchen sich eine Turnmatte aus.
Ein Kind legt sich mit dem Bauch auf die Matte. Das andere Kind setzt sich daneben. Lesen Sie die Massagegeschichte „Hase Hannes" vor. Zeigen Sie die passenden Bewegungen gegebenenfalls an einem Kind. Während Sie lesen, führt das sitzende Kind die Bewegungen am liegenden Kind durch. Am Ende wird gewechselt und das andere Kind kann massiert werden.

Hase Hannes – Eine Massagegeschichte

Der kleine Hase Hannes hüpft auf der Wiese.

Sanfter Druck mit den Fingern von oben nach unten entlang der Wirbelsäule.

Seine Mutter hüpft fröhlich hinterher.

Jetzt etwas fester drücken.

Der kleine Hase Hannes möchte spielen. Er hüpft und springt, bis er seine Mutter gar nicht mehr sehen kann.

Abwechselnd mit den Händen den Rücken von oben nach unten mal leichter, mal fester massieren.

Plötzlich steht der kleine Hase Hannes vor einem großen Sandhaufen. Er steigt auf den Sandhaufen und rutscht dann ganz langsam nach unten.

Von unten nach oben mit den Fingern hochkrabbeln. Beim Runterrutschen mit den Handflächen glatt den Rücken entlangfahren.

Dann beginnt es zu regnen.

Mit den Fingerkuppen über den ganzen Rücken klopfen.

Der Regen wird immer stärker.

Fester und schneller mit den Fingerkuppen auf den Rücken klopfen.

Der Regen hat viele große Pfützen hinterlassen. Der kleine Hase Hannes beginnt voller Freude in den Pfützen zu spielen.

Mit der Faust und dem Handballen mit einigem Druck den ganzen Rücken massieren.

Vollkommen verdreckt macht sich der kleine Hase Hannes auf den Heimweg.

Sanfter Druck mit den Fingern von unten nach oben entlang der Wirbelsäule.

Zu Hause stellt Mutter Hase den kleinen Hannes unter die warme Dusche.

Mit den Fingerspitzen über den Rücken klopfen.

Mutter Hase seift Hannes ein.

Kreisend mit der flachen Hand über unterschiedliche Stellen reiben.

An den ganz verdreckten Stellen muss Mutter Hase kräftig schrubben. Dafür nimmt sie die Bürste und wäscht den ganzen Dreck von Hannes herunter.

Mit den Fingernägeln wie mit einer Bürste mit Borsten vorsichtig über den Rücken streichen, auch leichtes Krabbeln ist möglich.

Zum Schluss rubbelt Mutter Hase den kleinen Hannes mit einem riesigen Handtuch trocken.

Mit den Handflächen über den gesamten Rücken streichen, drücken und am Schluss reiben, um richtig Wärme zu erzeugen.

MANDALA AUSMALEN

Alter ab 4 Jahren

Anzahl der Kinder 2–8 Kinder

Das lernen die Kinder Die Kinder kommen beim Ausmalen des Mandalas zur Ruhe. Sie lernen dabei, geduldig mit sich selbst zu sein.

Das brauchen Sie

- **1 Mandala-Ausmalblatt pro Kind**
- **Buntstifte**
- **Radiergummi**

VORBEREITUNG

Kopieren Sie für jedes Kind ein Mandala und legen Sie dieses mit den Buntstiften und dem Radiergummi am Maltisch bereit.

DURCHFÜHRUNG

Treffen Sie sich mit den Kindern am Maltisch. Die Kinder dürfen ihr Mandala nach eigenen Wünschen gestalten. Je nach Gruppe können Sie sich dazusetzen und mitmalen, um so Ruhe auszustrahlen, oder leise Musik im Hintergrund spielen lassen.

IGELBALLMASSAGE

Alter ab 3 Jahren

Anzahl der Kinder 2–8 Kinder

Das lernen die Kinder Die Kinder lernen, sich zu entspannen und die Massage ihres Partners zu genießen.

Das brauchen Sie

- **1 Gymnastikmatte pro Paar**
- **1 Igelball pro Paar**

VORBEREITUNG

Legen Sie die Gymnastikmatten sternförmig aus und finden Sie sich mit den Kindern auf diesen zusammen.

DURCHFÜHRUNG

Die Kinder gehen immer zu zweit zusammen und suchen sich eine Turnmatte aus. Ein Kind legt sich mit dem Bauch auf die Matte, das andere Kind massiert das Kind mit dem Igelball. Lassen Sie die Kinder dabei die Wirbelsäule aussparen. Zur Anleitung können Sie die möglichen Bewegungen an einem Kind vormachen. Je nach Alter der Kinder kann die Massage zwischen 2 bis 10 Minuten dauern.

VARIANTE

Anstelle des Igelballs lässt sich auch ein dicker Malerpinsel für die Massage verwenden. Dazu können Sie den Kindern unterschiedliche Anregungen geben, etwa Linien malen, leichter und fester streichen, Kurven malen, Kreise malen, den Körper entlangstreichen u. v. m. Nehmen Sie dabei auch die Ideen der Kinder auf.
Kleiner Tipp: Nachdem Sie die Pinsel eingeführt haben, können Sie diese auch zur freien Verfügung im Gruppenraum anbieten. So können die Kinder bei Bedarf auf die Pinsel zurückgreifen und sich selbstständig gegenseitig massieren.

APFELMEDITATION

Alter ab 3 Jahren

Anzahl der Kinder 2–10 Kinder

Das lernen die Kinder Die Kinder kommen zur Ruhe und nehmen den Apfel mit allen Sinnen bewusst wahr.

Das brauchen Sie

- **1 Sitzkissen pro Kind**
- **Äpfel**
- **1 Messer**
- **1 Brettchen**
- **1 kleiner Teller**

VORBEREITUNG

Legen Sie die Sitzkissen auf den Boden, um einen Sitzkreis herzustellen. Legen Sie einen Apfel in die Mitte des Sitzkreises. Schneiden Sie die übrigen Äpfel in kleine Stücke und stellen Sie diese auf einem kleinen Teller bereit.
Finden Sie sich mit den Kindern im Sitzkreis zusammen.

DURCHFÜHRUNG

Bitten Sie die Kinder, den Apfel in der Mitte einmal ganz genau zu betrachten. Geben Sie anschließend jedem Kind ein Stück Apfel zum Betrachten in die Hand. Welche Farben können die Kinder sehen? Ist das Apfelstück überall gleich? Wie unterscheiden sich der ganze Apfel und die Apfelstücke?
Lassen Sie die Kinder nun an ihrem Apfel riechen. Wie riecht der Apfel? Riecht er sauer oder süß?

Zum Schluss können die Kinder ihr Apfelstückchen ganz langsam essen. Fragen Sie die Kinder anschließend, ob sie einen Unterschied feststellen konnten zwischen der Wahrnehmung des Apfelstücks mit allen Sinnen und wie sie sonst einen Apfel essen. Fragen Sie die Kinder anschließend, wie der Apfel geschmeckt hat und welche Farben sie wahrnehmen konnten.

HÄNDE EINCREMEN

Alter ab 3 Jahren

Anzahl der Kinder 2–10 Kinder

Das lernen die Kinder Die Kinder kommen zur Ruhe, indem sie ihre Hände einmal ganz bewusst wahrnehmen, und lernen dabei eine Form der Selbstfürsorge kennen.

Das brauchen Sie

- **1 Sitzkissen pro Kind**
- **Handcreme**

VORBEREITUNG

Legen Sie die Sitzkissen auf den Boden, um einen Sitzkreis herzustellen. Stellen Sie die Handcreme bereit. Finden Sie sich mit den Kindern im Sitzkreis zusammen.

DURCHFÜHRUNG

Lassen Sie die Kinder einmal ihre Hände ganz genau betrachten. Das sollte in völliger Ruhe geschehen und die Kinder sollten ausreichend Zeit dafür bekommen. Geben Sie anschließend jedem Kind ein bisschen Handcreme auf die Handflächen. Nun können die Kinder ihre Hände ganz langsam und wohltuend eincremen. Jeder einzelne Finger wird dabei ganz bewusst eingecremt und wahrgenommen. Dadurch lernt das Kind, sich selbst etwas Gutes zu tun und Sorge für sich selbst zu tragen.

PROBLEMLÖSEKOMPETENZ

Wie kann ich Probleme alleine oder in der Gruppe lösen? – Im folgenden Kapitel werden Spiele vorgestellt, in denen Kinder Probleme kreativ und möglichst selbstständig lösen sollen. Die Aktionen können alleine, zu zweit oder in der Gruppe umgesetzt werden. Dabei lernen die Kinder, sich selbst realistische Ziele zu setzen, sich zu trauen, Probleme direkt anzugehen, und haben Strategien zur Hand, die sich je nach Möglichkeit auch in den Alltag übertragen lassen. Durch diese Problemlösekompetenzen erfahren die Kinder konstruktive Konfliktbewältigung, was sie in ihrer Resilienz stärkt. Denn je mehr Konflikte die Kinder positiv bewältigen, umso mehr werden sie in dem Vertrauen bestärkt, ihre Probleme aus eigener Kraft meistern zu können.

FLUSSÜBERQUERUNG

Alter ab 4 Jahren

Anzahl der Kinder 3–6 Kinder

Das lernen die Kinder Die Kinder überlegen sich gemeinsam eine Lösung und unterstützen sich gegenseitig.

Das brauchen Sie

- **4–6 Getränkedeckel**
- **Klebeband oder Markierungshütchen**

VORBEREITUNG

Markieren Sie eine Strecke von ca. 10–15 Metern mithilfe von Markierungshütchen oder Klebeband. Legen Sie die Getränkedeckel am Startpunkt bereit.

DURCHFÜHRUNG

Geben Sie den Kindern die Getränkedeckel als „Flusssteine". Die Kinder haben die Aufgabe, mithilfe der Getränkedeckel die Strecke zwischen den Markierungshütchen zu überwinden. Die Kinder sollen alle auf der anderen Seite ankommen und dabei den Boden (Fluss) nicht berühren. Wie können sie das Hindernis überwinden, indem sie zusammenarbeiten?

Geben Sie den Kindern ggf. den Hinweis, dass nicht alle gleichzeitig den Fluss überqueren können und sie sich absprechen müssen.

VARIANTE

Der Schwierigkeitsgrad kann noch erhöht werden, indem die nicht besetzten Flusssteine vom Krokodil (pädagogische Fachkraft) geklaut werden.

REIFENWANDERUNG

Alter ab 3 Jahren

Anzahl der Kinder 6–20 Kinder

Das lernen die Kinder Die Kinder müssen miteinander arbeiten und gemeinsam zum Ziel kommen. Dabei lernen sie, sich zurückzunehmen und nicht allein in den Vordergrund zu stellen.

Das brauchen Sie

- 1 Gymnastikreifen

VORBEREITUNG

Finden Sie sich mit den Kindern in einem Kreis zusammen.

DURCHFÜHRUNG

Die Kinder fassen sich an den Händen und lassen sich während des gesamten Spiels nicht los. An einer Stelle wird der Kreis kurz geöffnet und von Ihnen wird ein Gymnastikreifen reingegeben. Jetzt haben die Kinder die Aufgabe, den Reifen einmal im ganzen Kreis herumwandern zu lassen, ohne ihre Hände loszulassen, bis er wieder am Ausgangspunkt angekommen ist.

TIPP Falls die Kinder Schwierigkeiten haben sollten, eine eigene Lösung zu finden, machen Sie ihnen ggf. eine Lösung vor, z. B. indem Sie durch den Reifen steigen oder ihn über den Kopf des nächsten Kindes streifen.

DIE STREITAMPEL

Alter ab 4 Jahren

Anzahl der Kinder 4–10 Kinder

Das lernen die Kinder Die Kinder lernen, Streit so selbstständig wie möglich zu klären. Sie versuchen sich in andere einzufühlen und deren Wünsche anzuerkennen.

Das brauchen Sie

- **feste Pappe**
- **Kleber**
- **Tonkarton in Rot, Gelb und Grün**

VORBEREITUNG

Basteln Sie eine Ampel, die sich so klappen lässt, dass die Ampelfarben jeweils vorne sind. Finden Sie sich mit den Kindern in einem Kreis zusammen.

DURCHFÜHRUNG

Erklären Sie den Kindern, wie die Streitampel funktioniert: Die Ampel steht den Kindern im Raum zur freien Verfügung. Falls sich zwei Kinder streiten sollten, können sie die Ampel holen. Dazu stellen sie zu Beginn die Ampel auf Rot. Das bedeutet: Wir haben ein Problem oder einen Streit und möchten dieses bzw. diesen gemeinsam klären.
Wenn die Kinder sachlich miteinander diskutieren, können sie die Ampel auf Gelb stellen. Sind die Kinder gemeinsam zu einer Lösung gekommen, schaltet die Ampel auf Grün und sie können sie wieder an ihren Platz zurückbringen.

DIE KINDER KLEBEN ZUSAMMEN

Alter ab 4 Jahren

Anzahl der Kinder 2–10 Kinder

Das lernen die Kinder Die Kinder überlegen gemeinsam, wie sie die Aufgabe bestmöglich bewältigen können, und probieren dabei unterschiedliche Lösungen aus. Sie lernen, sich bei unterschiedlichen Ideen auf Kompromisse einzulassen.

Das brauchen Sie

- **2 Markierungshütchen**
- **Klebeband**
- **ggf. Bildkarten mit Körperteilen**

VORBEREITUNG

Markieren Sie mit dem Klebeband und den Markierungshütchen eine Strecke von ca. 10 Metern mit einem Startpunkt und einem Ziel.

DURCHFÜHRUNG

Die Kinder finden sich immer zu zweit zusammen. Benennen oder zeigen Sie ihnen nun ein Körperteil. Mit diesem Körperteil kleben die beiden Kinder ab dann zusammen, sprich diese Körperteile sollen stets miteinander in Kontakt bleiben. Die Kinder haben jetzt die Aufgabe, die Strecke vom Startpunkt bis zum Ziel gemeinsam zu bewältigen, ohne sich voneinander zu lösen.

FLOSSFAHRT

Alter ab 4 Jahren

Anzahl der Kinder 2–5 Kinder

Das lernen die Kinder Die Kinder lernen, gemeinsam ein Problem zu bewältigen und dafür unterschiedliche Strategien zu entwickeln. Dazu müssen sie sich an Absprachen halten, um das Ziel gemeinsam zu erreichen.

Das brauchen Sie

- **2 Markierungshütchen**
- **Klebeband**
- **1 Fleecedecke oder einen dünnen Teppich**

TIPP Die Fleecedecke oder der dünne Teppich sollte mindestens doppelt so groß sein wie der Platzbedarf der Kleingruppe auf der Decke oder dem dünnen Teppich.

VORBEREITUNG

Markieren Sie mit dem Klebeband und den Markierungshütchen eine Strecke von ca. 10 Metern mit einem Startpunkt und einem Ziel. Finden Sie sich mit den Kindern an der Startlinie zusammen.

DURCHFÜHRUNG

Legen Sie mit den Kindern die Decke oder den dünnen Teppich an die Startlinie. Alle Kinder stellen sich nun auf die Decke. Die Kinder haben jetzt die Aufgabe, mithilfe der Decke über die Ziellinie zu gelangen, ohne dabei den Boden zu betreten.
Falls die Kinder Schwierigkeiten haben, eine gemeinsame Lösung zu finden, können Sie ihnen kleine Tipps geben, also z.B. dass alle Kinder auf einer Seite des Floßes stehen, um gemeinsamen Spielraum zu haben. Oder aber, dass die Decke auch gefaltet werden darf.

GORDISCHER KNOTEN

Alter ab 4 Jahren

Anzahl der Kinder 5–15 Kinder

Das lernen die Kinder Gemeinsam finden die Kinder eine Lösung und arbeiten an einem Ziel. Dabei lernen sie, ihre Impulse zu kontrollieren und sich aktiv in die Erarbeitung einer gemeinsamen Lösung einzubringen.

VORBEREITUNG

Finden Sie sich mit den Kindern in einem Kreis zusammen.

DURCHFÜHRUNG

Die Kinder fassen sich an den Händen und lassen sich während des gesamten Spiels nicht los. Jetzt verknoten sich die Kinder, indem sie sich eindrehen oder über Arme drübersteigen oder unter Armen und Beinen durchkriechen.
Anschließend wird der selbst verursachte Knoten wieder aufgelöst, bis zum Schluss wieder ein Kreis entsteht. Während der gesamten Aktion halten sich die Kinder an den Händen fest.

MIT DEM FARBWÜRFEL EINEN KONFLIKT LÖSEN

Alter ab 5 Jahren

Anzahl der Kinder 3–5 Kinder

Das lernen die Kinder Die Kinder lernen, verschiedene Perspektiven einzunehmen, und können den Standpunkt des anderen besser verstehen. Dabei lernen sie, anderen aktiv zuzuhören und deren Vorschläge aufzugreifen.

Das brauchen Sie

- **1 Schaumstoffwürfel mit farbigen Seiten**

VORBEREITUNG

Finden Sie sich mit den Kindern in einem Kreis zusammen.

DURCHFÜHRUNG

Legen Sie den farbigen Schaumstoffwürfel so in die Mitte des Kreises, dass die Kinder unterschiedliche Seiten sehen können. Fragen Sie die Kinder, welche Farbe sie sehen können.

Erklären Sie den Kindern, dass auch bei einem Streit jeder eine andere Seite sieht und er dadurch denkt, er habe alleine recht. Lassen Sie die Kinder anschließend die Plätze tauschen. Fragen Sie erneut, welche Farbe sie nun sehen können.
Überlegen Sie mit den Kindern, wie sie das Prinzip des Farbwürfels auf ihren Streit übertragen könnten.

GEMEINSAMER TRANSPORT

Alter ab 4 Jahren

Anzahl der Kinder 2–4 Kinder

Das lernen die Kinder Die Kinder überlegen gemeinsam, wie sie die Aufgabe bestmöglich bewältigen können, und probieren dabei unterschiedliche Lösungswege aus. Dabei lernen sie, sich in andere hineinzuversetzen.

Das brauchen Sie

- **Sandspielsachen**
- **2 Stöcke (ca. 1,20 m lang)**
- **Markierungshütchen**
- **Straßenmalkreide**

VORBEREITUNG

Markieren Sie mit der Straßenmalkreide und den Markierungshütchen eine Strecke von ca. 10 Metern mit einem Startpunkt und einem Ziel.
Suchen Sie gemeinsam mit den Kindern die Sandspielsachen und gleich großen Äste zusammen und legen Sie diese bereit.

DURCHFÜHRUNG

Die Kinder finden sich immer zu zweit zusammen. Sie bekommen die Aufgabe, nur mithilfe der gleich langen Stöcke die Sandspielsachen vom Startpunkt bis ins Ziel zu transportieren. Dabei sollen die Sandspielsachen nicht runterfallen. Wie lässt sich der Weg am besten bewältigen? Sehen die Kinder bei anderen Paaren Ideen, die sie auch einmal ausprobieren möchten?

MORGENKREIS LEITEN

Alter ab 5 Jahren

Anzahl der Kinder 2–4 Kinder

Das lernen die Kinder Die Kinder lernen, Verantwortung zu übernehmen und selbstständig zu planen. Dabei müssen sie ihre Impulse kontrollieren und sich zurücknehmen.

Das brauchen Sie

- **nach Wunsch der Kinder**

DURCHFÜHRUNG

Wählen Sie 2–4 Kinder aus, die am kommenden Tag den Morgenkreis gestalten dürfen. Es sollte jedoch der gewohnte Ablauf übernommen werden. Lassen Sie die Kinder Ideen sammeln und sagen Sie ihnen, dass jeder einen aktiven Part beim Leiten des Morgenkreises einnehmen soll.

Anschließend präsentieren die Kinder Ihnen ihre Idee und Sie suchen gemeinsam das benötigte Material für den kommenden Morgenkreis zusammen.

AUS EINEM BILDERBUCH LERNEN

Alter ab 5 Jahren

Anzahl der Kinder 3–5 Kinder

Das lernen die Kinder Die Kinder können die Geschichte in ihren Alltag übertragen und dabei ihre eigene Problemlösekompetenz stärken.

Das brauchen Sie

- **Bilderbuch zum Thema „Streit“**

TIPP Das Buch „Pit und Pu und der große Streit“ von Nele Winter und Dorothea Ackoyd ist z. B. eine schöne Geschichte über das Streiten, Versöhnen und über Freundschaft.

VORBEREITUNG

Lesen Sie sich das Buch vorher einmal in Ruhe durch. Finden Sie sich mit den Kindern in der Leseecke zusammen.

DURCHFÜHRUNG

Lesen Sie den Kindern das ausgewählte Buch vor. Überlegen Sie anschließend gemeinsam mit den Kindern, warum die Figuren in der Geschichte überhaupt Streit hatten. Was hätten sie denn besser machen können?
Sammeln Sie anschließend mit den Kindern Ideen, wie sie beim nächsten Streit reagieren können, um das entstandene Problem zu lösen.

BILDKARTEN GEFÜHLE

Liebe

Ekel

Freude

Trauer

Erschrecken

Wut

Angst

Albern sein

Müdigkeit

GEFÜHLE-UHR

SCHATZKISTE

✂——— Schneiden

\\\\\\\\ Kleben

– – – – – – Falten

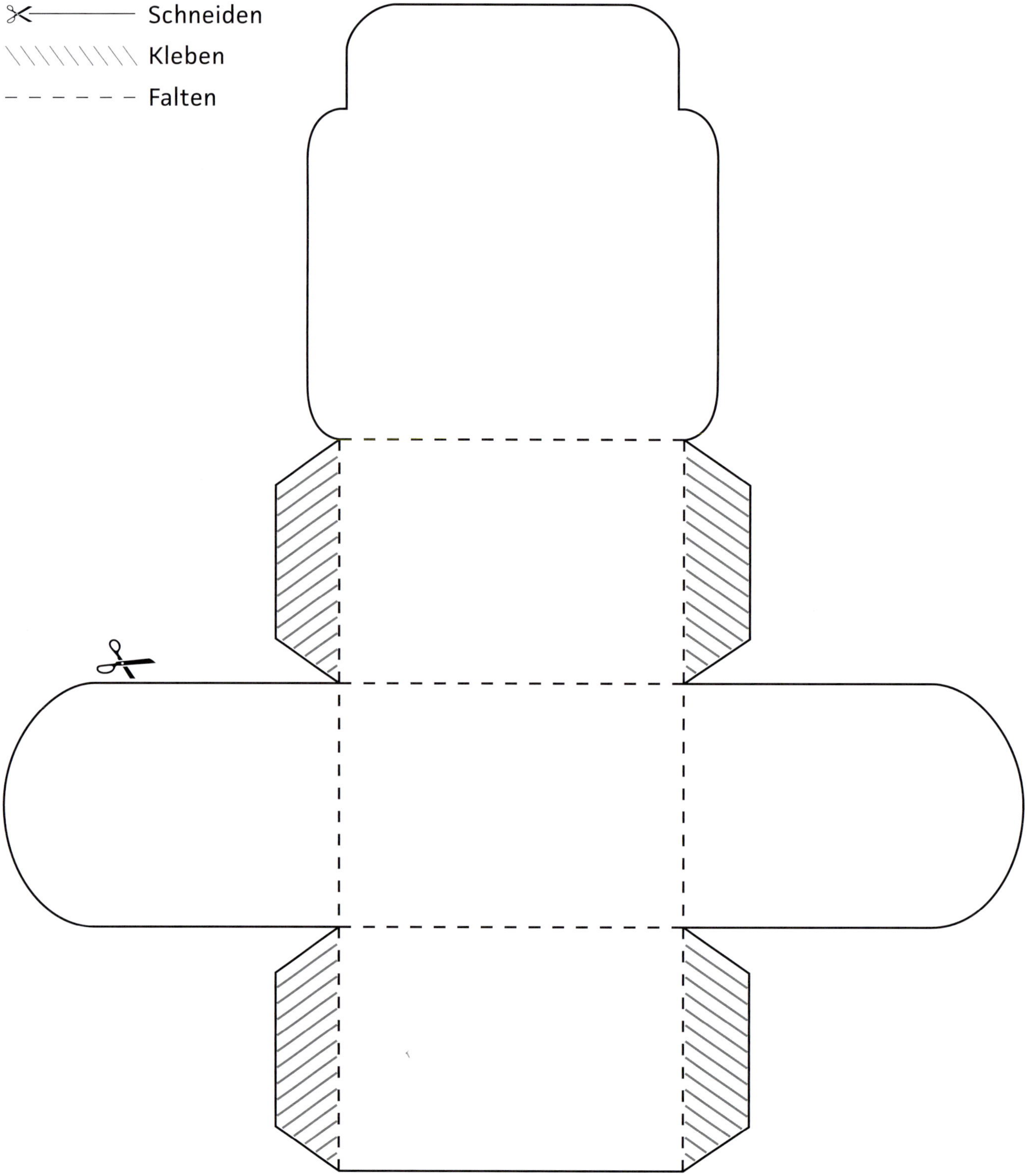

GEFÜHLE-WÜRFEL

GEFÜHLE-WÜRFEL

GEFÜHLE-WÜRFEL

Bibliografische Information der Deutschen Bibliothek
Die Deutsche Bibliothek verzeichnet diese Publikation in der Deutschen Nationalbibliografie; detaillierte bibliografische Daten sind im Internet über http://dnb.ddb.de abrufbar.

1. Auflage 2023

Texte: Britta Bartoldus

Illustrationen: Ilka Röhling

Fotos: *Cover:* © famveldman – AdobeStock; *Inhalt:* S. 14 © Pixel-Shot – AdobeStock, S. 29 © Kristin Gründler – AdobeStock, S. 41 © JenkoAtaman – AdobeStock, S. 53 © oksix – AdobeStock, S. 71 © MNStudio – AdobeStock, S. 79 © famveldman – AdobeStock

Druck und Bindung: ADverts Printing House

ISBN 978-3-7806-5178-5